ACCIDENT: Fifteen minute operation to remove implement

Student swallows toothbrush

A 23-YEAR-OLD trainee teacher was today recovering from an operation after accidentally swallowing her toothbrush.

Vania Lucchesi, of Cathays in Cardiff, was rushing to leave her house for college and had her toothbrush in her mouth when she tripped and swallowed it whole.

The University of Wales Institute student described the frightening moment when she felt the brush slip down her throat, against her windpipe, and then move into her stomach.

She said, "I missed the step in the bathroom, my neck went back and I gasped with fright."

EMMA PEARSON

Despite the shock she was still able to get a taxi to the University Hospital of Wales, Cardiff, where she was seen immediately by doctors. After making several attempts to remove the five-inch brush, surgeons decided to operate.

The 15-minute incision, carried out by surgeon Sam Safar, finally took out the object. Mr Safar said what could have been a serious accident was luckily a simple procedure.

Miss Lucchesi was released from hospital yesterday and was recovering from her ordeal at home.

Former Western Mail

DIWRNOD YM MYWYD BRIGADÙR
GENERAL ~~MONTAGUE~~ MONTAGUE - SMYTHE
Yr ~~...~~ SCOUTMASTER RHWYSTREDIG.

6.30. am.

→ Deffroais YN SYDYN gan fy
Ngloc "Mickey Mouse" a cael fy Nghynhyrfu
lon gan ei wyneb Ifanc diniwed a'
Shorts coch tyn. Bydd rhaid
mi Mosbrybeiddio yn sydyn mewn i
fy Ngrafat Milwrol, yr un hen Sbor

6.31 am

→ Codi O fy Ngwely a llithro ar
Gopi o ~~Scoutmasters~~ weekly gwlyb oedd or llawr
Noson dda Neithiwr. Gwisgais fy
G- STRING ffril Du ODAN fy
Siwt or 60'au. Gofalais
rhoi fy medalau ar fy chwaed Brest a Brosgornis
yn frwdhydig ir cyhleusbrau cyhoeddus
yn y Gorsaf rheilffordd cyfagos.

Eisteddd mewn Ciwbicl gan bosio
Negeseuon i warthiw ya lolipop man Hael
Gwelais Gerald y Tu Allan ir Toiled,
a ~~cerddod~~ ir
ciwbicls.

Cerddodd y ddau ohonom gyda gwên
fewn i un or ciwbicls. Sugnais ei
"lolipop" am hanner dwr a chwistrellod
ei lwyth hyd fy medalau
tyna he stwffias ei ben lawr y
Pan o dwestion gydoi bohn lolipop nes
Sgrechion fol Safari

MC MABON: albym dictaffon

Am y profiad celfyddydol cyflawn
gwrandewch ar y CD dictaffon
(sydd ar y clawr ôl) ac yfwch y
chwech can o Stella (sydd tu fewn
y clawr blaen) wrth bori trwy'r
tudalennau cyffrous.

"Llyfr anturus i bobl ifanc."
—Y Cymro

1. Mewn bedsit

Mmmmmmmm... dallt pam nad oes mwy o bobl yn hypocondriacs. Y peth 'di, dwi rili isio dal i fyw *so* ma'n neud synnwyr i fi fynd at ddoctor bob tro dwi'n amau rwbeth achos ti'n darllen am yr holl bobl oedd wedi anwybyddu eu symptomau ac wedyn yn marw neu be bynnag – tasen nw ond wedi mynd i gael *check up*.

Y peth 'di, taswn i'n hypocondriac go-iawn, byswn i efo'r doctor bob dydd a nos. Er enghraifft, dwi 'di bod yn cael poenau sydyn yn fy arennau a lawr fy nghefn yn ddiweddar y diwrnodau dwytha 'ma ac weithie ma'r poen yn saethu fyny 'nghefn ac at fy ngwar a 'ngwddw a dwi'n poeni fod canser yn sbredio trwy'n organau a 'nghorff i. Hefyd, mae dau sbotyn coch bach wedi ymddangos ar bob braich ers tua phum mis a dwi'n poeni am y rheina hefyd. Dwi'n recno mai be 'di rhein o bosib ydi fy stumog wedi ei niweidio gan ddarnau bach o wydr achos 'nes i falu potel o win oedd mewn bag plastig ac yne yfed y gwin allan o'r bag oedd yn garantîd yn cynnwys darne bach bach o wydr. Tase'r gwydr yne'n ffindio'i ffordd i 'nghalon i, byswn i'n ffycd. Wrth gwrs, ar y pryd o'n i'n pisd gachu a ddim yn rhoi toss.

Hefyd, es i am brawf Aids achos nes i
gyflwyno fy aelod i ferch yng Nghaerdydd tua
mis yn ôl heb gondom (yr unig ffordd). 'Di ddim
yn union yn cael ei nabod fel lleian yn y
cyffiniau ond wedyn dwi jyst yn meddwl... wel
ffyc *it*, be bynnag... oedd raid i fi checio
jyst rhag ofn ond ma'n lot o hasl a gormod o
stress so Bilidowcar i bawb a sgengi pwdidwpi
pans a fllibilibi swpi dwtw.

Uffern bedsit arall

Mae 'ne lot fawr o hasl a shit efo byw efo pobl mewn llefydd gwahanol, ledled y lle sydd ar adegau yn dy yrru i gloi dy hun yn dy stafell a dysgu sgiliau crefftus ar:

a) sut i sleifio mewn i'r gegin pan does neb o gwmpas ar ôl gwrando'n astud ar symudiadau dy gyd-denantiaid er mwyn cwcio rhywbeth hynod o gyflym cyn llithro'n ôl yn dawel i ddiogelwch dy lofft;

b) sut i sleifio'n llechwraidd i'r toiled, ond rhaid dod i adnabod pob sŵn symud yn y lloriau a hefyd sŵn cau ac agor pob drws yn y tŷ ti'n ei rannu. Dydi'm yn dod i'r *stage* yma wrth gwrs ond ar ôl i bob ymgais o gyfathrebu o fewn y tŷ ddod i ben pan ma' pawb wedi jyst derbyn fod neb o fewn y tŷ yn licio'i gilydd. Does neb yn boddro golchi llestri, does neb yn boddro gofyn i neb arall ddod am beint ac ma'r stafell fyw yn troi yn rhyw anialwch gwag ti ddim ond yn cerdded trwodd er mwyn cyrraedd y gegin.

Mae hyn i gyd wrth gwrs yn achosi dipyn o *stress* meddyliol wrth i ti sylweddoli dy fod rŵan yn garcharor yn dy le dy hun a ti wedi cael dy ddedfrydu i garchar yn dy stafell am gyfnod amhenodol. Erbyn hyn yn y *siege bedsit*,

ti wedi dechrau ar lefel dau. Gall lefel dau
gynnwys symptomau fel piso mewn i bethe fel
poteli gwin, cans cwrw, cartons llaeth, *tray
chips* - rhywbeth jyst i osgoi dod ar draws y
cyd-denantiaid ar y landin am dri y bore.
Hefyd, ti ond yn mentro o'r stafell am dri y
bore i gael dy fwyd ac felly am weddill y dydd
ti'n dewis yr opsiwn o beidio bwyta dim. Gall
bod mewn uffern bedsit arall ar y dôl olygu
diffodd y golau drwy'r nos yn dy lofft er mwyn
cogio dy fod allan yn cael amser da yn lle'r

9

realiti trist dy fod yn dy lofft yn mastwrbeiddio'n gyfrwys, yn cysgu neu'n breuddwydio am wyliau yn y Seychelles er mwyn osgoi pawb.

Mae sawl rheswm dros guddio yn dy lofft: falle fod dy gyd-denantiaid yn saicos, yn *thugs* neu'n *squares* (arwyddion pendant o *squares* yw pan mae merched, fel arfer, yn gadael arwyddion rownd y tŷ – a'r gegin yn enwedig – yn deud pethe fel '*please clean the grill after you, it's disgusting*' a sticers yn y ffrij ar y menyn a'r letys yn deud '*hands off, it's mine*'). Pan ti'n gweld dy gyd-denantiaid yn yr ardd yn torri bedd enfawr efo rhawiau ac yn cerdded o gwmpas y tŷ efo dagyrs, *ballbaring gas canistered sub-machine gun, pistols* a *crossbows* ac yn gwylio ffilmie snyff drwy'r dydd, mae'n amser gadael. Pan ti'n clywed cyd-denantiaid 60 oed yn llifio pethe yn eu llofft am bump y bore, mae'n amser gadael (yn enwedig pan ma' nhw'n siarad yn uchel efo'u hunen). Pan mae merched yn mynd yn wallgo efo ti a dechre dyrnu dy ddrws lawr am wyth y bore ac yn sgrechian nerth eu penne achos bo ti heb dynnu'r tsiaen ar ôl piso (safio dŵr) ac yna dy gicio allan i'r stryd yn fy achos i, mae'n amser gadael (ddim bo fi wedi cael unrhyw ddewis yn yr achos yne). Pan ti'n ffindio dynion

diarth 70 oed yn cerdded rownd dy dŷ mewn nicyrs
ffrili a dim arall am un o'r gloch y bore pan ti
newydd ddod nôl o'r pyb, yn amlwg yn wallgo ac yn
gweiddi pethe fel *'I'm a twentieth-century poet'*
mae'n amser gadael. Pan ma' dieithriaid llwyr yn
torri drws ffrynt dy dŷ i lawr ganol y nos efo
bwyell, mae'n amser gadael.

Yn ddiddorol,
Cymry Cymraeg
'di'r bobl ore i
fyw efo yn 'y
mhrofiad i, ddim
bo dim byd yn
rhyfedd am hynny
chwaith.

Mae dy fywyd yn
cylchdroi rownd
deposits, colli
deposits, ffindio
deposits, llenwi
ffurflenni, gadael
fflats heb dalu,
osgoi landlords,
bwyta bara stêl
pobl erill a
phasio'r amser pa
bynnag ffordd ti'n
gallu.

Ti'n meddwl am aelodau o'r teulu sydd wedi marw mewn rhyfeloedd mewn llefydd diarth, mewn ofn ac mewn chwys er mwyn i ti eistedd fa'ma'n poeni am sbotyn sydd newydd ddatblygu ar dy ben-ôl. Ti'n meddwl am yr holl bethe a phobl erchyll sy yn y byd – a'r byd erbyn hyn i fod yn ddiwylliedig – a ti'n meddwl tybed ydi'r boi yne yn stafell naw yn cynllunio i dy ladd. Ti'n meddwl am yr holl bobl onest yn y byd, sy'n ennill cyflog gonest drwy weithio a chymryd balchder yn eu hunen a ti'n dechre meddwl am ymuno â dosbarthiadau nos mewn Yoga, sut i neud cacennau, mecanics, y clwb garddio lleol, y clwb mamau ifanc lleol, y sect grefyddol sbwci lleol, jyst rwbeth i gael dy feddwl oddi ar y ffaith dy fod yn styc yn y ffyc fflat 'ma.

Ar y dôl felma, mae gen ti ddigon, gormod o amser i feddwl. Ti'n meddwl am yr holl bobl sy'n waeth off na ti, heb dân, heb wres, heb hyd yn oed dôl, yn byw mewn ofn am eu bywyd bob eiliad o'r dydd. Ond wedyn, ti'n gweld dy anadl yn dy stafell wrth i ti drio safio gwres ac egni dan y dwfe am 'i bod hi mor oer, ti'n rhoi yr un hob sy'n gweithio ar y cwcyr ymlaen er mwyn trio cnesu, ti'n cyfri dy geinioge brown smeli ar y llawr a rhegi wrth sylweddoli fod ti un geiniog yn fyr o gael peint o laeth, ma' dy nerfe yn rhacs a dy bwysedd gwaed yn uchel achos ti 'di bod yn osgoi pawb am bythefnos. Wedyn ti'n codi a gweld dy gyd-denantiaid yn lladd cathod efo *crossbows* yn yr ardd gefn ac wedyn ti'm yn siŵr pwy sydd waeth eu byd.

Ma' gen ti drwy'r dydd/nos/wythnos/mis i feddwl a phoeni am yr holl boene newydd ti'n teimlo yn dy gorff. Ti'n gwrthod cysylltu efo dy deulu i scafio am bres i fyta achos ti 'di pwshio dy lwc yn barod a pham ddylsen nhw dy gefnogi pan ti'm hyd yn oed yn gallu neud hi i'r ganolfan waith mewn amser i seinio mlaen unwaith bob pythefnos. Wedyn, ti'n sylweddoli peth mor bwysig ydi teulu a ti'n benthyg pres er mwyn mynd am sesh er mwyn stopio teimlo'n euog bo ti'n gymint o ffwcar diog da i ffyc ôl.

So pan ti'n styc mewn *exile* fel hyn, ma' gen ti amser ar dy ddwylo. Lot. Ti'n cael amser i feddwl am holl broblemau'r byd, yr holl ddirgelion. (Fel pam bod pobl yn teimlo'r angen i sgwennu am eu hunain ac yn disgwyl i bobl ffindio fo'n ddiddorol?) Ti'n prynu cylchgronau efo dy bres prin a gwylio teli pan does neb yn y tŷ ac yn dechre breuddwydio am yr holl bethe neis ti'n 'u gweld mewn print ac ar y sgrin a ti'n breuddwydio am yr holl lefydd ma' raid ti fynd iddyn nhw a'r holl bethe ma' raid i ti neud. Ond wedyn, ti'n sylweddoli'n sydyn fod gen ti chwe phunt i bara wythnos a hanner, does dim bwyd yn y tŷ, ma' dy lofft yn llawn poteli gwin yn llawn piso, ma' dillad dy wely yn ffilthi a heb eu golchi ers chwe mis, ti heb siarad hefo neb ers tair wythnos, ti'm yn gallu codi cyn dau y pnawn a ti 'di bod yn gwisgo'r un pans am bythefnos. Gall y cylch yma o ffantaseiddio am bres a chyfforddusrwydd ac yna byw yn dy realiti drewllyd fynd ymlaen ac ymlaen. Wedyn, ti'm yn gallu stopio meddwl am ba mor wallgo ydi'r ffaith bo ni'n bodoli ar blaned sy'n llawn bywyd rhyfedd ac yn sbinio rownd a rownd mewn bydysawd enfawr tywyll sy'n ddi-ben-draw, yn tyfu drwy'r amser ac alle chwythu fyny ar unrhyw adeg. Be 'di pwynt cymyd job a gweithio dy bols i ffwrdd os 'di'r byd yn mynd i chwythu fyny a ti'm yn mynd i gael cyfle i fwynhau dy bres ar ddiwedd y mis?

Erbyn cyrraedd y pwynt yma, ti'n gorfod cydnabod i dy hun dy fod yn diodde o symptomau a elwir yn 'Uffern bedsit arall'. Ac felly, ar ôl amser hir o *solitary confinement* fel 'ma, gall dy stad feddyliol ddechre diodde ac felly rhaid dechre meddwl o bosib am ffwcio ffwrdd a ffindio lle arall.

Athroniaeth bedsit – Maths, bolycs tebyg a phawb yn trio neud bywyd yn fwy cymhleth nac sydd angen iddo fo fod a theitl pennod hir iawn

Lot o amser i feddwl mewn bedsit. Mmmmmm.

Yn syml iawn, mae bywyd yn hollol *bizarre* a rhyfedd os ti wir yn meddwl am y peth. Hefyd wrth gwrs, mae o'n anhygoel, yn gachu, yn felys ac yn chwerw. Fel y cynigiodd Darwin yn *Origin of Species*, esblygiad a datblygiad ydi bywyd ac ma' pethe'n digwydd achos y ffaith anochel yma. Does yr un broses wyddonol synhwyrol yn digwydd yn y bydysawd sy'n penderfynu be sy'n digwydd nesa. Does yr un *equation* mathemategol neu ffisegol yn gallu rhagweld proses natur ac felly mae'r *Grand Unified Theory* mae pobl fel Stephen Hawkings yn drio'i 'ffindio' yn bolycs llwyr. Ac o achos hyn, gan fod dyn yn teimlo mor annigonol a bach, mae wedi mynd ati i drio neud pethe mor gymhleth â phosib iddo'i hun

16

drwy greu rheolau a chyfreithiau gwyddonol dibendraw sy'n cael eu profi'n anghywir dro ar ôl tro. Mae'n mynd ati i drio categoreiddio pob proses, pob mater a phob elfen o bob peth dan haul hyd syrffed gwallgofddyn.

Pam? Ma'r byd 'ma'n ddigon ffycin gorffwyll a *mind expanding* yn barod heb ddechre trio'i ddadansoddi gydag *equations* a thablau mathemategol. Mae o yma o'n cwmpas ni, yn ddiderfyn ac yn ddiateb. Gall y *big bang* fod yn broses sy'n ailadrodd ei hun bob biliwn neu driliwn o flynyddoedd. Pwy a ŵyr faint o *big*

bangs erill a ddifethodd a chreodd fydau mwy anhygoel na'r un 'den ni'n ddigon lwcus i fyw arno fo rŵan. Mae o i gyd yn un rhan fawr o gylchdro natur, y *chaos theory* sydd yn y pen draw yn troi'n berffaith ac yne'n ffycio fyny ac yne'n dechre eto. Mmmmm...

Y cwbl ma' gwyddoniaeth yn 'i neud ydi gneud pobl yn wallgo a lladd pawb yn y diwedd, 'di o'm yn mynd i newid y ffaith bo ni ddim yn gwbod pam ffyc bo ni yma go iawn. Sut ddiawl bo ni'n gorff ac enaid, cig a gwaed efo'n ieithoedd yn hunen i gyfathrebu'n teimlade gyda dŵr, haul a choed. Sut hynne. Ffycin hel, ma'n wych ond 'di o ddim o anghenraid yn gneud unrhyw synnwyr o gwbwl. Pam ddylse fo? Yn wyneb hyn i gyd, ma' dyn yn creu *equations* mathemategol gwirion a gwallgof. Er enghraifft, dyma *equation* mae mathemategwyr wedi ei greu er mwyn mesur golau'n dod drwy ffenest (ar gyfer *civil engineers* ac ati):

$$D = C_g \times (+ \times cd \; CD_c \times D_e \; (a \times D_i) \quad D = \frac{T \times A w \times \Theta}{A \times (1 - R^2)}$$

Sut fath o ffycin bolycs diangen 'di hwnne?

Dwi'm yn meddwl fod gwyddoniaeth dyn yn dynodi deallusrwydd dyn o gwbwl. Yn bersonol, dwi'n meddwl fod o'n dynodi salwch dyn, ei ymbellhad oddi wrth natur a'i obsesiwn efo fo'i hun a dwi'n gwrthod mynd mewn i'r peth a'i ddallt. Os nad ydi o i'w neud efo teimlade, emosiwn, greddf neu rwbeth corfforol (h.y. rhywbeth i'w neud efo'r synhwyrau sydd gynnon ni a 'den ni fod i'w defnyddio), be 'di'r pwynt?

Trwy ei obsesiwn efo 'gwella' ei hun a 'datblygu' 'di dyn ond yn torri ei fedd cynnar trwy greu probleme catastroffig - gorboblogi, prinder dŵr/rhyfeloedd dŵr, llygredd etc., a'r holl bethe erill sy'n eich atgoffa o wancar hipi yn sbowtio bolycs mewn hen Volkswagen *caravanette* 10 m.y.g. A jyst i brofi bo ni ddim yn hapus efo gneud llanast o un lle, mae gwyddonwyr rŵan isio cymryd drosodd y gofod o gwmpas y blaned las ac yn gneud hynny hefyd. Ma'r lle'n llawn o'n sbwriel technolegol pathetic ni'n barod. Mae o gyd i fod yn rhan o'r broses o 'ddatblygiad' er mwyn lles y ddynol ryw. Ma' jyst yn gneud i fi feddwl mai ni ydi'r hil fwyaf *flawed* yn hanes y bydysawd.

Athroniaeth bedsit – technoleg *overload* a gormod o wybodaeth

Ma' 'ne jyst gormod o wybodaeth o gwmpas. Ma' 'ne gymint ohono fo nes bo ti'n gallu

gwrthbrofi unrhyw beth sy'n amlwg yn ffaith efo gymint o dystiolaeth nes gneud i dy ddadl gachu di ddal dŵr. Mae posib wedyn gwrthbrofi dy hun efo mwy o wybodaeth ac yna ymhelaethu ar un pwynt hyd syrffed. Mae jyst cerdded rownd un llyfrgell yn ddigon i ddychryn ti efo pob pwnc pidlyd dan haul yn cael ei astudio: *'Organisational behaviour and analysis'*, *'Strategic industrial marketing'*, *'Enzymatic basis of detoxifaction'*, *'Needs assessment in public policy'*, *'Tissue culture on a plant production system for horticultural crops'*, *'Current topics in cellular regulation'*, *'You can't say that to me – stopping the pain of verbal abuse'*, *'Electrical methods of machining, forming and coating'*. Ffycin hel, faint o'r cachu diangen yma sy yn ein pennau?

Dwi'n cael teimlad ffrici o *overload* pan dwi'n cerdded rownd llyfrgell, archfarchnad neu ganolfan siopa fawr achos ma' 'ne jyst gormod o

wybodaeth o gwmpas, gormod o *stimuli* a dwi jyst
isio dianc o'r ffyc llefydd cyn gynted â
phosib. Falle mai rhyw fath o salwch meddwl ar
fy rhan i ydi hyn ond baswn i'n dadlau mai
salwch meddwl ar ran dyn ydi o a bo fi'n hollol
normal. Mae astudiaethau o anifeiliaid mewn
dinasoedd (sticiwch efo fi gyfeillion) wedi
dangos bod y rhai sy'n trio cymryd mantais o'r
holl groesdoriad o gynefinoedd yn cael gormod o
stimuli, gormod o ddewis, ac wedyn yn colli eu
greddf a'u synhwyre ac un ai'n marw, yn cael eu
lladd neu'n gadael. Ond mae'r anifeiliaid
llwyddiannus yn ffindio *niche* i'w hunen ac yn
ffynnu ac yn arbenigo o fewn y maes hwnnw –
hynny yw, ma' nhw'n symleiddio popeth i lawr
i'w gallu ac yn defnyddio'r sefyllfa i'w
mantais trwy arbenigo o fewn eu *niche* fel ma'
nhw'n neud 'yn y gwyllt' ac felly yn cymryd
rhan ym mhroses naturiol esblygiad. Mae dyn ar
y llaw arall yn trio arbenigo ym mhob maes ac
yn aml iawn yn methu'n llwyr, a chreu lot o
brobleme i'w hun ar y ffordd. 'De ni wedi symud
i ffwrdd o'r broses naturiol o esblygiad, 'den
ni'n mynd yn erbyn y graen ac felly bydd raid i
ni ddiodde'r canlyniadau.

Byswn i'n licio gwbod faint o sioc a dychryn
mae penbwl yn mynd drwyddo wrth ddechre newid o
benbwl i lyffant bach. Ydio'n cachu brics. Neu

falle fod o jyst ddim yn meddwl am y peth.

Athroniaeth bedsit – Technoleg (Rant bron ar ben)

Cymrwch gyfrifiaduron, er enghraifft: y we, *internet browsers*, *search stations*, *cd roms* a'r bla bla holl bolycs tebyg. Ffycin hel, ti'n eistedd o'u blaenau nhw fel lemon am oriau yn chwilio, mynd ar goll, methu ffindio dim byd ac yne ma'r ffycin peth yn crashio. Ma' 'ne gymint o shit arnyn nhw, ti byth yn gallu cael be tisio. Ti jyst yn eistedd o'u blaenau nhw'n rhegi a chael pwysedd gwaed uchel wrth wylltio'n dawel bach wrth dy hun. Enghraifft wych o sut ma' dyn yn mynd allan o'i ffordd i neud pethe'n fwy cymhleth na maen nhw angen bod. Be ffyc sy'n bod mewn sbio mewn llyfr? Ma'r holl shit yma'n neud fi'n embarasd i fod yn *homo sapien*: eistedd mewn stafell yn llawn cyfrifiaduron efo llwyth o *nerds* am oriau, yn syllu ar sgrin sy'n ffycio'n llygid i fyny ac yn methu'n llwyr â ffindio rhywbeth hollol syml o'n i isio gwbod ar ôl tair awr ac yna'n cael cur pen a *blurred vision* fel rhyw fath o anrheg dechnolegol am yr ymdrechion dewr.

7a MILITARY AIRCRAFT

Aeritalia G222
medium range tactical transporter

From	1970
Wingspan	28.80 m
Length	22.70 m
Max. speed	540 km/h
Power	2 x 2535 kW

Athroniaeth bedsit – paradwys a cheir chwe litr

So, 'de ni'n byw mewn cyfnod paradwysaidd o ystyried oes y byd. Does dim oes iâ, ma' lefel y môr yn jyst iawn – ddim rhy uchel, ddim rhy isel. Mae gwres yr haul jyst yn iawn a mae asteroids yn cadw i ffwrdd o'r byd (am y tro). Ma' gynnon ni fyd sy'n sbinio ar ei echel jyst iawn i ni gael dydd a nos a thymhorau anhygoel. Gynnon ni gyflenwad dŵr yfed (dim ond 2% o'r holl ddŵr sydd yn y byd), gynnon ni ddisgyrchiant sy'n ein galluogi ni i aros ar ein traed yn lle fflotio o gwmpas fel twats, gynnon ni amrywiaeth anghredadwy o anifeiliaid, planhigion a thirweddau i'w gweld ac ar ben hyn i gyd, gynnon ni'r holl foethau ma' dyn wedi'i greu iddo'i hun – trafnidiaeth, bwydydd anhygoel, rhyddid i fynd a dod fel 'den ni isio, gwres, iechyd, miwsig, pethe agor tuniau a phapur tŷ bach sydd ddim yn rhy feddal nac yn rhy galed. A be 'den ni'n neud? 'De ni'n ffwcio bob peth hyd at eithafion ein gallu. O fewn y deg mil blynedd ers oes yr iâ diwetha, 'den ni 'di mynd ati *big time* i ffycio pob peth fyny fel plant bach gwirion hefo gormod o deganau er eu lles eu hunen. 'De ni 'di llwyddo i ddifetha pob ecosystem yn y byd, llygru pob dŵr, ffwcio efo pob elfen o natur a'i ffwcio fyny'r tin tra'n chwerthin. A rŵan 'den ni'n dechre ar y gofod. Mae unrhyw niwed 'den ni 'di greu rŵan yn cymryd o leia deg mil o flynyddoedd i farw a chyrraedd ryw fath o ecwilibriym, ond 'de ni wedi styntio esblygiad a phwy ffyc a ŵyr pa fath o etifeddiaeth fydd yn datblygu ohono. Ac ma'r llywodraethau mor rhagrithiol. Yn rhyngwladol, ma' nifer o gytundebau a chyfreithiau amgylcheddol wedi'u pasio: gostwng lefelau CO_2 a SO_2 yn yr awyr, gwarchod fflora a ffona a *biodiversities* y byd a gwarchod anifeiliaid a mamaliaid gwyllt *etc. etc.* Wedyn, be ma' nhw'n neud? Dympio ffycin tunelli o wastraff niwclear yn flynyddol i mewn i'r moroedd, adeiladu traffyrdd enfawr dros bob tirwedd bosib (bron a gorffen) ac annog pobl i briodi a chael teuluoedd mawr iach er mwyn achosi mwy o ffyc-yps.

Felly, dan yr amgylchiadau yma, ti'n gorfod o

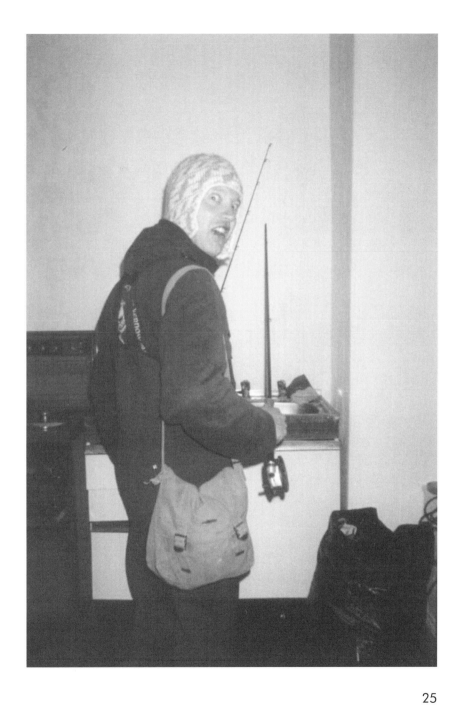

bosib jyst meddwl, wel 'ffycio fo, mae o allan o'n 'nwylo i, dwi'n mynd i ddreifio o gwmpas mewn car chwe litr sy'n gneud 8 m.y.g., dwi'n mynd i gael dau ddeg o blant sydd gobeithio'n mynd i ffwcio mwy o bethe fyny, ffycio'r anifeiliaid prin, twp. 'De ni ar y ffordd i ebargofiant eniwe, waeth i ni jyst mwynhau'r holl *chaos* a'r llanast sydd ar y ffordd, dwi'n aelod o rywogaeth sydd wedi concro'r byd i gyd ac yne ffwcio fo i gyd i fyny'n llwyr – *nice one* – ffyc *it*.'

Wedyn ti'n deffro ryw fore a gweld golygfa newydd anhygoel a ti'n meddwl... bydd popeth yn iawn yn y diwedd 'wrach.

2. Hwlffordd

Cachu Planciau

O'n i lawr yn Hwlffordd efo merch anffortunus o'n i hefo ar y pryd ac fe riteiriwyd i'r llofft yn y nos. Yn ystod y digwyddiadau arferol fe iancwyd fy mlaengroen hynod sensitif a thyn i lawr gyda grym annaturiol pan oedd mewn stad o godiad. Ac wedyn o'n i mewn poen. Ar ôl cael KO deffrais yn sydyn ac er sioc erchyll roedd fy mlaengroen wedi chwyddo yn ddramatic i faint pêl dennis ac yn edrych mor goch a chomical â thrwyn clown meddw.

Cachu brics, cachu planciau, be ffyc oedd
wedi digwydd iddo fo? Penderfynais mai'r ateb
hawsa oedd anwybyddu'r broblem. Pan godais i
wisgo fy mhans, roedd fy mhidyn druan â'i ben
chwyddedig comical yn brifo lot. Bob tro o'n
i'n crafu yn erbyn rhywbeth roedd poen siarp
coclyd yn saethu fyny 'nghorff. I neud pethe'n
waeth, am ryw reswm penderfynais y byse'n
syniad da mynd i syrffio ac felly ffwrdd â ni i
Newgale. Roedd y môr yn oer felly roedd rhaid i
ni fenthyg *wetsuits* o siop gyfagos. Gan fod fy
mhecar erbyn hyn wedi chwyddo i faint tua
hanner melon, roedd rhaid i fi arteithio'n hun
yn bellach trwy drio'i wthio o dan y sip ac i
mewn i'r siwt rwber tyn.

Triais guddio fy mhoen ym mhresenoldeb fy
nghydymaith oedd rywffordd heb sylwi ar fy
mhroblem *bizarre* neu oedd jist ddim yn rhoi
shit. Roedd o fel *Nobbie's piles* ond ar y
ffrynt.

Eniwe ar ôl fflotio a splashio o gwmpas yn y
môr fel rhech (dwi'm yn gallu syrffio i achub
'y mywyd ond dwi'n licio'r syniad) sylweddolais
ei bod hi'n amser mynd i weld doctor. Piliais y
siwt ffwrdd mewn ryw fath o boen masicistig
rhyfedd a neidio mewn i'r car i chwilio am
ddoctor. Be ffyc oedd yn digwydd i 'nghoc i?

Doedd neb yn Hwlffordd â diddordeb yn fy

mhroblem felly rhuthrais fel twat fyny'r
arfordir i Aberystwyth.

Tri doctor yn ddiweddarach ac fe gytunodd un
doctor anffortunus/sadistic i 'ngweld i.
Siaradodd y doctor Gymraeg â fi'n syth. *Shit!*
'Wrach fod o'n nabod rhywun o'r teulu a
meddyliais am eiliad gogio fy mod yn Sais rhonc
oedd wedi digwydd mabwysiadu enw Cymreig gan
rieni oedd wedi cael tröedigaeth Geltaidd o
gwmpas yr amser y ces i 'ngeni cyn mynd 'nôl
i'w bywyd 'normal' fel *Recruiting Consultants*
yn Leeds ac anghofio'r holl syniad. Yna
sylweddolais mai'r peth pwysicaf ar hyn o bryd
oedd datrys problem fy nghoc ac nid gwneud

ymgais wael o acen Gogledd Lloegr ac actio'n *arrogant*.

Tynnodd y doctor fy mhans i lawr gan chwarae ychydig yn ddibwrpas efo 'mhidyn balwnaidd. Triodd wasgu'r 'balŵn' yn ôl i'w ffurf wreiddiol er mawr boen. Yna dechreuais banicio am eiliad bo fi'n mynd i gael codiad *twisted* allan o fwynhau'r boen emosiynol a chorfforol ro'n i'n ei ddiodde ac y byse'r boen o gael codiad yn fy arwain i sgrechian fel merch a rhuthro o'r syrjyri efo 'nghodiad/balŵn comical theatrig yn bownsio fyny ac i lawr a 'mhans a 'nhrwsus i lawr wrth fy nhraed. Yna cofiais fod dynion ddim yn troi fi mlaen a bod cael y dyn yma'n rowlio'n 'nghoc yn ei law wrth wenu'n smyg yn eitha garantîd o gadw 'nghoc i mor llipa â hen groen banana.

Eniwe, dywedodd doctor smyg-boi fod o ddim yn gallu'n helpu ac y bydde'n rhaid i fi fynd i Argyfwng Bronglais. Rhuthrais fyny rhiw Penglais a refio'r car i stop gan hanner cerdded/hopian i'r sbyty. Roedd rhedeg yn rhy boenus gan ei fod yn achosi i'n 'nhojar ysgwyd o gwmpas yn 'y mhans llac.

'Ga i weld doctor, plîs, mae doctor yn y dre'n deud bo fi angen gweld arbenigwr, dyma'r ffurflenni i chi fama.'

'Beth yw'r broblem?' gofynnodd y nyrs, o

flaen yr holl gleifion distaw erill oedd yn
eistedd yn y dderbynfa yn aros eu tro.

Triais fymblo rhwbeth tebyg i 'mae 'ne... ym
infection neu rwbeth yn fy mhans'.

Roedd rhaid i fi aros yn y stafell aros am
tua awr yn darllen *Take a Break*, *Women's Own*,
Take a women's 'Take a break', *Break your own*,
Women's Garden, *Women's Hats* a'r holl *Womensus*
erill ti'n ffindio yn y llefydd 'ma cyn daeth
yr arbenigwraig Sbaenaidd ata i a deu'tha fi am
ei dilyn i un o'r ciwbicyls. Yna, tynnodd 'y
'mhans i lawr a deu'tha i am orwedd ar y gwely
wrth iddi dynnu'r cyrtens oren rownd y
ciwbicyl. Go brin oedd cael codiad rŵan – roedd
ofn yn dechre 'mharlysu. Be oedd yn mynd i
ddigwydd rŵan, meddyliais, wrth drio meddwl am
bethe neis – reidio motobeic ar ffordd droellog
yn yr haul, gorwedd mewn cae o wair hir, byta
cacen sgwishi a *cappuccino*, cysgu...

Daeth nyrs blond efo bronnau mawr i mewn a
gwenu. Edrychodd y Sbaenes arnaf a gwenu. Yna
heb ddweud dim cyflwynodd y Sbaenes beth ellid
ond ei ddisgrifio fel pin mawr, mwy fel hoelen,
ac efo brwdfrydedd annaturiol a heb unrhyw
rybudd dechreuodd stabio fy malŵn coch maint
hanner melon. Daeth yr 'hoelen' i lawr drosodd
a throsodd, yn gyson ac yn galed, heb stop ac
yn ddidostur. Roedd y ddynes fel tase'r diafol

wedi ei meddiannu, roedd ei llygid wedi culhau
ac roedd hi'n edrych fel tase dim yn mynd i'w
stopio. Yna fel ryw fath o hunllef anochel,
daeth y nyrs arall yn nes at y gwely a dechre
neud yr union yr un peth â'r doctor ond y tro
yma efo nodwydd anferth. Gorweddais yno heb
unrhyw fath o anaesthetig ac edrych mewn
anghrediniaeth ar y ddwy ddynes yma'n stabio
'mhidyn yn wyllt nes fod y balŵn druan yn llawn
o dyllau. Poen. *Premiership* poen coclyd. O'n i
jyst yn meddwl wrth yn hun wrth drio dadansoddi
pa mor boenus oedd y boen, 'be ffyc dwi 'di
neud i haeddu hyn?'

Ar ôl i'r sesiwn arteithio ddod i ben, nath y
ddwy jyst gerdded allan yn dawel yn dal i afael
yn dynn yn eu nodwyddau a'u hoelion a 'ngadael
i dynnu 'mhans a 'nhrwsus 'nôl fyny a shyfflo
allan fel rhyw droseddwr ffiaidd.

O'n i angen gwylie ond y cwbl o'n i'n gallu
fforddio oedd bag o jips a paced o ffags.

3. Meirionnydd

Hei blantos – paid neud drygs, ma nw gwael

O'n i 'di bod adre ym Meirionnydd yn smocio spluffs a chwarae *Urban Strike* a llwythi o gemau rasio, saethu a chwythu fyny erill ar y *mega drive*, yn ddi-stop am wythnose. Cysgu trwy'r dydd, deffro am chwech y nos pan oedd hi newydd dywyllu a chwarae, yfed a smocio tan chwech neu saith y bore wedyn. O'r herwydd, o'n i'n mynd heb olau dydd am weithie bythefnos, yn aml iawn heb siarad a gweld neb. 'Nes i prin sylwi pan ddoth Meirion, yr organydd lleol heibio a chwarae emynau drwy'r nos tra o'n i'n rowlio spluffs a mymblo wrth yn hun wrth chwythu tancs fyny a trio osgoi *missiles* y gelyn.

Dan yr amgylchiadau yne, ti'n rhyw fath o gropian i mewn i dy hun ac yn bodoli o fewn dy feddylie ac yn byw trwy'r cymeriade a'r lefele yn y cyfrifiadur. Ti'n trafeilio miloedd ar filoedd o filltiroedd, lladd miloedd o bobl a gweld lot o bethe rhyfedd. Ti'n byw mewn afrealiti. Wrth ddreifio ar ffyrdd go-iawn ti'm yn siŵr os ti mewn gêm a tisio crashio mewn i

bethe trwy'r amser er mwyn cael mwy o bwyntie.
Yn ddi-waith, di-glem, di-bres a di-ddim.
Uchafbwyntie dy ddydd ydi cael llythyr gan y
banc trwy'r post, cael cachiad, ffonio rhywun,
eistedd o flaen y teli efo bwyd, ffags, paned a
stage newydd ar dy gêm i drio ei goncro.

Ar ôl dipyn wrth gwrs, roedd yn llygid i'n
mynd yn hollol ffycd a'r cwbl o'n i'n gallu
gweld oedd strips fflwresynt gwyrdd, melyn a
phinc. Do'n i'm yn gallu gweld dim yn ystod
unrhyw olau dydd o'n i'n digwydd 'i gael achos
'i fod o'n rhy lachar. Roedd popeth o'n i'n
weld yn llawn o fflachiade llachar pinc a
gwyrdd, gwyn. Streips a ffrwydriade llachar a
be oedd yn edrych fel deg mil o fylbs trydan yn
cael eu switsio *on* ac *off* yn ddi-stop. Amser
mynd at y doctor.

Es i at Dr Lazarus yn y Bala yn ystod y golau
dydd cynta i fi weld ers hydoedd a trio meddwl
sut i ddisgrifio fy symptomau rhyfedd.
Atgoffais fy hun fod hen draddodiad meddygol
naturiol yn bodoli yn China a oedd yn gallu
gwella pobl ddall achos 'nes i weld rhaglen am
y peth pan o'n i'n ddeuddeg a 'nes i nodi wrth
ei wylio y dylswn i gofio hynny os byswn yn
mynd yn ddall achos heb fy ngolwg dwi'm yn
meddwl y byswn i isio byw.

Cerddais i mewn i stafell Dr Lazarus ac

eistedd lawr.

'Sut alla i'ch helpu chi heddiw?' gofynnodd
heb ddim diddordeb.

'Doctor, dwi 'di bod yn chwarae gormod efo
compiwtars a rŵan dwi'm ond yn gallu gweld
fflashis lliwgar yn bob man, fel strips o
oleuade yn bob man, pinc, gwyrdd, melyn, bylbs
sy'n mynd *off* ac *on* drwy'r
amser. Ma'n llygid i'n
brifo a dwi'n poeni bo fi'n
mynd yn ddall.'

Edrychodd y doctor arna i
fel taswn i'n rhyw ddarn o
gachu newydd rowlio mewn
i'w stafell, yne rhoddodd o
gwpwl o dabledi *migraine* i
fi ac yn ei ffordd fach
ddoctoraidd, deutha i am
ffwcio ffwrdd.

Jealous husband lives up a tree

By Our New Delhi Correspondent

Nanku, a 35-year-old father of three in the Indian state of Madhya Pradesh, has been living in a tree for nearly three months to protest at his wife's alleged infidelity.

She stayed with him in the tree for three days trying to persuade him of her innocence, but left after Nanku bit her on the arm and waist.

Y noson yne, es i ar y
piss yn y Bala, meddwi'n gachu, cymryd *ecstasy*,
a bron marw dwi'n recno.

O'n i adre wedi 'mharlysu gan ofn am chwe
diwrnod. Dwi erioed wedi teimlo gymint o ofn
nac mor wag yn fy mywyd. O'n i'n teimlo bo
fi uwchben pydew enfawr du neu o bosib di-
liw. Roedd fy nghalon yn curo'n wallgo o
gyflym am wythnos a nath o ond arafu'n

raddol ar ôl mis neu ddau.

Ro'n i'n barod i ffonio'r ambiwlans yr eiliad o'n i'n teimlo trawiad ar y galon yn dechre ond hyd 'n oed wedyn o'n i'm isio gan fod jans go dda y byswn yn nabod y *paramedics* a byse'r holl beth yn ffwc o *embarassing* wrth iddyn nhw lusgo fi allan o'r gwely yn las ac yn driblo yn fy mhans.

'Nes i fastwrbeiddio'n galed achos o'n i'n meddwl, wel, ffyc *it*, os dwi mynd i farw, waeth i fi farw'n cael wanc.

Ro'n i'n llowcio Solpadeines yn ddi-stop i gadw 'nhymheredd gwallgo o uchel i lawr (102 gradd selsiws). Roedd y gwres yn golygu bo fi ddim gallu gadael y gwely ac o'n i'n sticio 'mhen mewn bwced o ddŵr oer (oedd yn arfer bod yn fwced dŵr yr ieir) bob pum munud i gadw 'nhymheredd yn isel ond oedd o'm yn neud dim gwahaniaeth.

O'n i'm yn gallu stopio meddwl pa mor pathetic oedd yr holl sefyllfa, pa mor pathetic fyse marw fel hyn, yn y gwely, yn fy mhans drewllyd, pacedi ffags a Solpadeines dros y llawr, yn hollol ar ben fy hun, fy nghorff yn galed ac yn hollol wyn. Llestri budr dros y tŷ, rhai efo ffyngys yn tyfu ar y bwyd stêl. Fy nghorff yn wyn, yn galed, yn oer, yn hyll, 'y llygid i'n ddi-fflach. Ar ôl yr holl bres, addysg, cyfle a'r diwylliant ma'r teulu wedi'u rhoi i fi, ei luchio fo i gyd 'nôl mewn ffordd mor pathetic a marw fel hyn. Pathetic.

Roedd fy llygid hyd 'n oed yn waeth fyth rŵan gyda phob mathe o shit ynddyn nhw - streips, croesau, jiraffs, eliffantod. Hei *kids*, os oes 'ne wers, hynne ydio. Does 'ne ddim llawer o deimlade gwaeth na sylweddoli bo ti wedi llwyddo i ddiweddu dy fywyd mewn ffordd mor bathetic a does dim ti'n gallu neud am y peth. Ma' jyst yn gneud ti mor despret isio byw a ti'n barod i neud rwbeth i gael un cyfle arall, jyst un.

38

Dim ond ar adege fel'ne ti'n gwerthfawrogi
bywyd a pa mor werthfawr ydi o a pha mor ffycin
wirion yden ni, pa mor anniolchgar, pa mor
fach, pa mor *petty* ydi pobl, pa mor wirion
ydi'r gemau bach ma' pobl yn chwarae efo'i
gilydd, pa mor ddiangen ydi holl bwlshit pobl,
pa mor ddibwys ydi o os oes gen ti dwll yn dy
sgidie neu dolc yn dy gar, blew yn dy drwyn neu
ddail ar dy lawnt a pha mor bwysig ydi
sylweddoli pa mor abswrd, afreal, lliwgar,
gwallgo, brawychus, anhygoel a di-ben-draw ydi
bywyd ac y dylsen ni drio bob peth a phob man o
fewn ein gallu mewn cyn lleied o amser â
phosib.

Am be ffyc ma' gwartheg yn meddwl pan ma nw'n
sefyll mewn cae?

Dannodd

Roedd gena i ddannodd, uffern o ddannodd. Yr un
mwyaf poenus o'n i erioed 'di'i gael ac roedd
o'n gwrthod mynd. O'n i adre ac yn trio pob
peth bosib i gael gwared â'r dam *thing*: malu
cloves a sticio nhw ar y dant, Solpadeins yn y
ceg, dŵr cynnes a halen, potel dŵr poeth ar y
foch, sugno'r holl boer o'r chwaren boer a
swishio fo rownd un ochr o'r geg nes neud i fi
edrych fel tase 'ne bêl tennis yn fy moch ac –

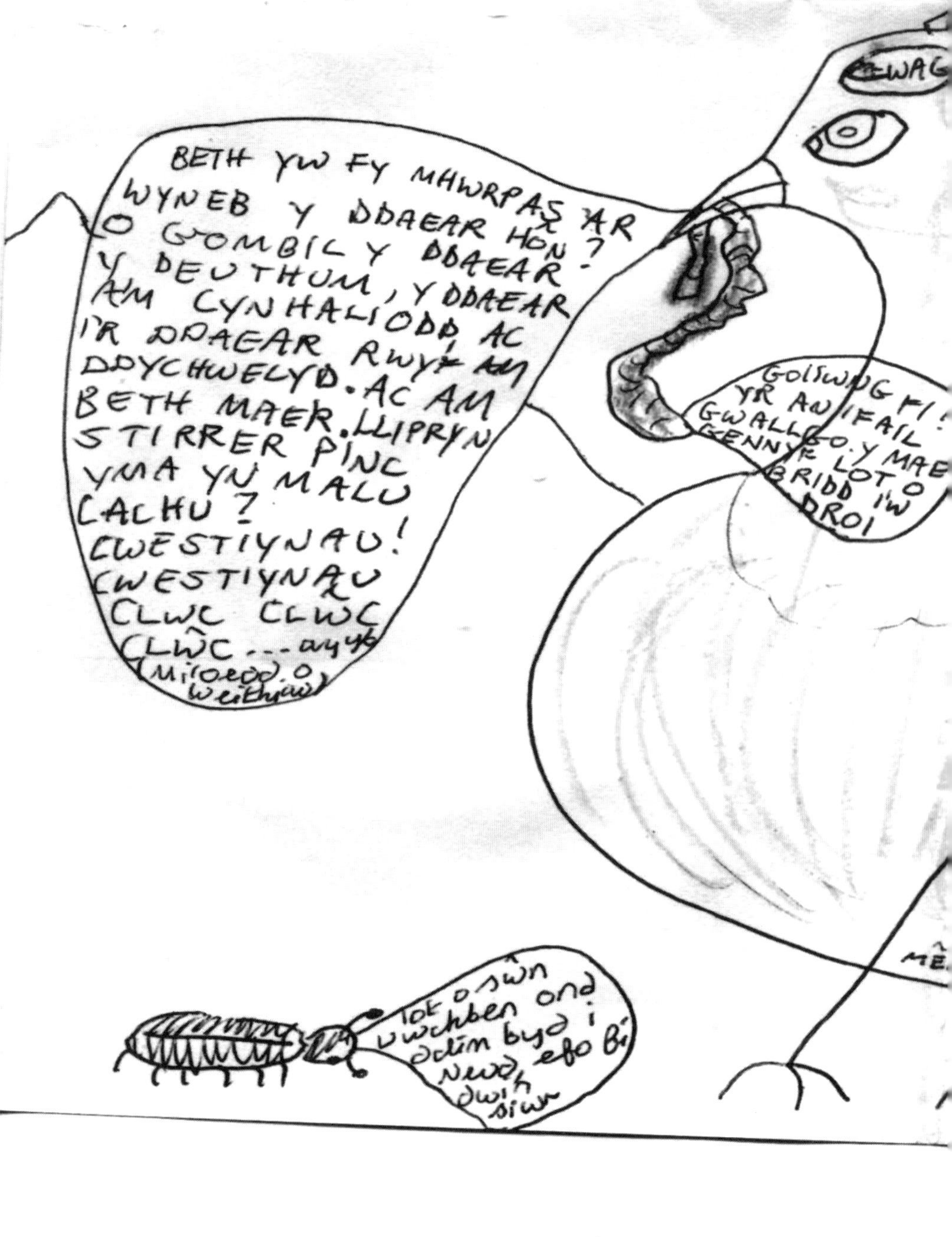

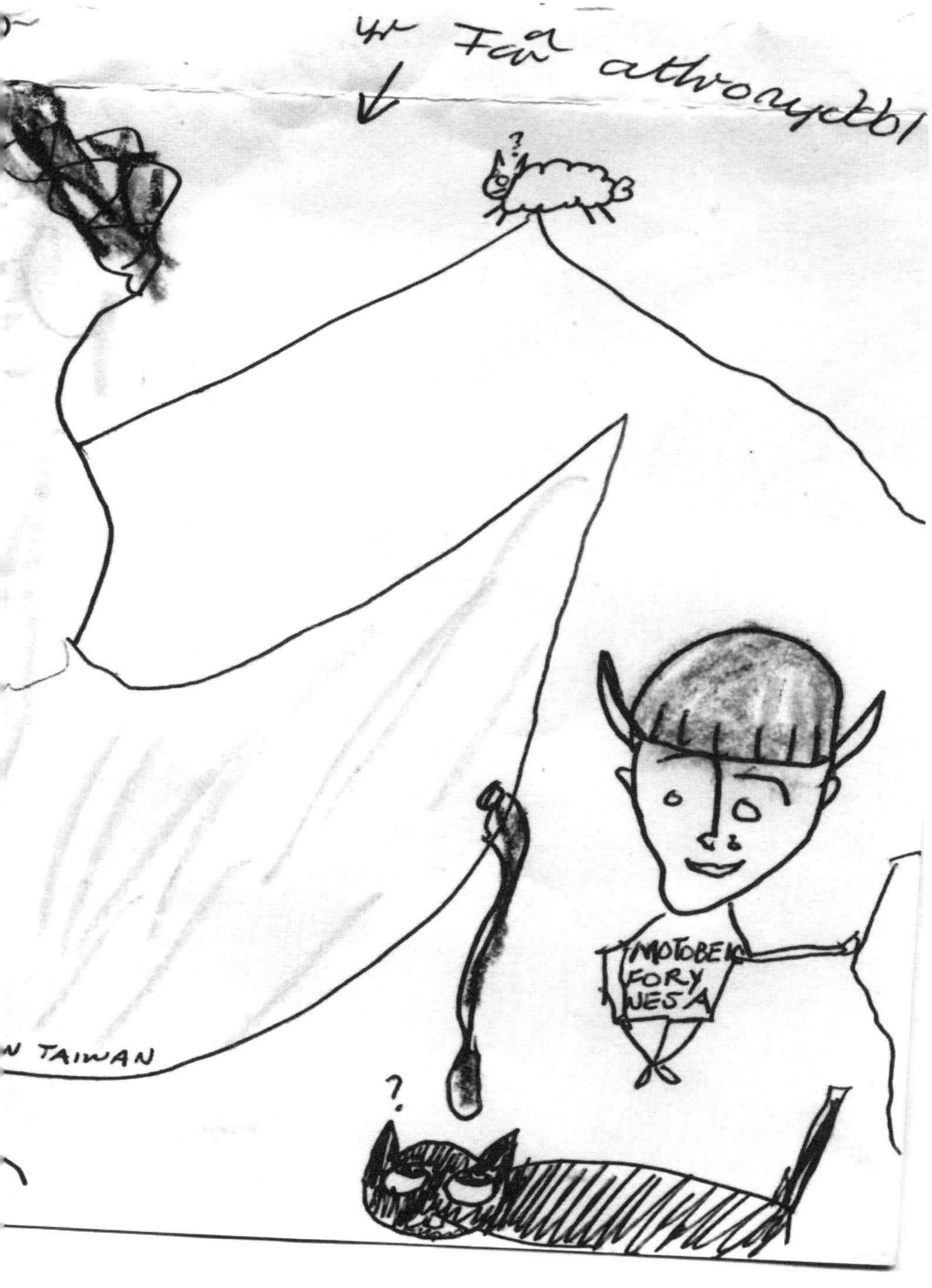

MOTOBEIK
FORY
NESA
N TAIWAN

wrth gwrs - yfed gymint o alcohol â phosib er mwyn lleddfu'r boen. Er mawr syndod oedd hynny ond yn gneud fi'n feddwyn hefo dannodd, ac yn y bore oedd genna i gur pen ar ben poen afiach y ddannodd.

Ar ôl dau ddiwrnod, roedd y boen yn hollol annioddefol. O ffyc, roedd rhaid mynd at y deintydd. Dreifiais i Bala yn y Lada heb dreth i weld y ddeintyddes Murphy.

'*I've go y hewibl pai u my tth,*' dywedais wrth i'r boen waethygu bob tro o'n i'n agor 'y ngheg a gadael i'r awyr oer dreiddio mewn at y dant. O'r herwydd triais ddeud cyn lleied â phosib a gobeithio y byse pawb yn dallt fy mymblo a symudiade fy nwylo.

Ar ôl cael fy chwistrellu, triodd Mrs Murphy botro rownd efo 'nant ond roedd o'n rhy boenus a gwingais fy mhen a gweiddi 'STOP' mewn poen.

'*Can't you jyst take it out?*' gofynnais gyda *desperation* pathetic yn fy llais.

'*No, Mr Meredith, you have a very big abscess. Go to reception and get an appointment to get it taken out. I'm off on holidays for the next two weeks so you'll just have to wait I'm afraid,*' meddai.

Es at y ddesg yn obeithiol am ddyddiad heddiw, fory, diwedd yr wythnos efallai?

'Alla i ffitio chi mewn mewn pump wythnos,'

oedd sylw creulon y dderbynyddes. PUMP FFYCIN
WYTHNOS. POEN. *No way*, o'n i'm yn gallu
diodde'r boen erchyll yma am bump wythnos
arall. Na, roedd rhaid i fi feddwl am opsiwn
arall. Wrth i fi sefyll wrth y dderbynfa yn
meddwl am fy nhranc, daeth dwy hen ddynes o'r
Bala i mewn. Roedden nhw mewn hwyliau da, yn
sgwrsio ac yn holi hynt a helynt pawb. Y
broblem fama oedd bo fi jyst ddim yn gallu agor
'y ngheg i ddeud dim byd arall ar ôl siarad
efo'r dderbynyddes ac o'n i wir ddim isio agor
'y ngheg i ddeud dim achos roedd o jyst rhy
boenus ac roedd fy mochau fel dwy bêl dennis
rŵan oherwydd yr holl boer oedd yn fy ngheg i
drio cadw'r boen lawr.

Ro'n i'n gallu cael *getaway* efo ateb
cwestiyne cynta'r ddwy hen wraig fel 'sut mae?'
ac 'mae'n braf,' trwy ysgwyd 'y mhen a neud ryw
synau griddfan uchel ac isel ond erbyn y
trydydd cwestiwn doedd gena i ddim dewis.

'Mab pwy wyt ti, dwed? Dwi 'di dy weld ti o'r
blaen, yn do?' Roedd rhaid i fi agor 'y ngheg a
deud rwbeth, roedd y ddwy ohonyn nhw'n bod mor
gyfeillgar a chlên.

Penderfynais drio ateb. Dechreuais fymblo ac
yne agorais fy ngheg gyda'r bwriad o drio ateb.
Yn lle geiriau, llifodd afon o boer allan dros
fy ngwefus isaf. Llifodd yn ddi-stop ac yn

ddigyfeiriad, dros y bwrdd cylchgronau ac yne
tasgu fel rhaeadr dros y carped a dros sgidiau
a theits brown y ddwy hen ddynes addfwyn.

Ges i un eiliad i astudio gwynebau'r ddwy hen
wreigan wrth i'w gwynebau newid o lawenydd
hafaidd diniwed i gywreinrwydd ac yne i ryw
fath o atgasedd llofruddiol.

Cerddais yn gyflym allan o'r syrjyri gan drio
mymblo rywbeth wrth bwyntio at fy nant. Ar ôl
holi cwpwl o bobl a oedd ganddyn nhw tînth neu
blim i werthu er mwyn rhoi ar fy nant (yn
aflwyddiannus) dechreuais ddreifio fel twat i
chwilio am siope homeopathig yng Ngogledd Cymru
(dwi'n gwrthod cymryd antibiotics, ma' nhw'n
gneud mwy o ddrwg na lles). Dreifiais fel twat
i Fetws y Coed, Llanrwst, Conwy ac yne draw i
Port lle o'n i'n eitha siŵr fod un o'r siope
'ma ar y stryd fawr.

Nes i gyrraedd y siop am 5.02 ac roedd y siop
wrthi'n cau. Rhuthrais at y drws a bangio arno
fo gyda chymysgedd o arswyd a *desperation* yn fy
llygid. Bues i yno'n dyrnu fel gwallgofddyn am
tua pum munud yn gweiddi, 'Gadwch fi mewn y
blydi hipis'. Ar ôl ychydig, 'nes i weld y
staff yn sgytlo allan i gefn y siop yn gyflym a
phendant. Wedyn aeth y gole *off* yn y siop ac
o'n i'n ffycd.

Dros y ddau ddiwrnod nesaf, 'nes i jyst yfed

ac yfed i drio anghofio'r boen ac ma' raid fod rwbeth 'di mynd yn iawn achos aeth y boen yn y diwedd. Roedd raid i fi jyst cofio rwbryd fod rhaid i fi dynnu'r dant cyn i'r *abscess* ddifetha 'ngheg i gyd. Ryw ddydd pell i ffwrdd gobeithio...

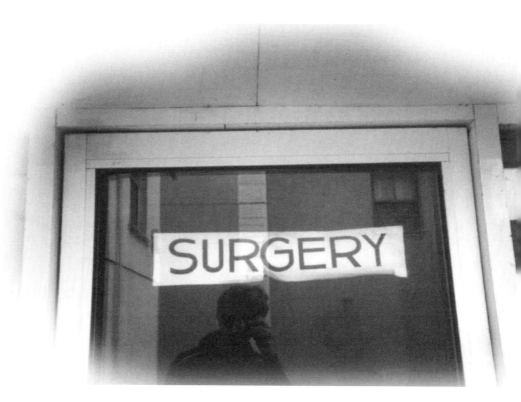

4. Hwlffordd (eto)

Smo 'da fi siffylis

Peidiwch byth mynd am brawf siffylis yw fy
nghyngor doeth i. Es i at arbenigwraig yn
Withybush, Hwlffordd ar ôl cysgu efo merch
amheus iawn.

  '*Don't worry*,' meddai, '*I know everything
there is to know about dicks*,' cyn gafael yn fy
mhidyn a sticio *cotton bud* reit lawr y *japsey*
a'i swisho o gwmpas y tu mewn fel tase hi'n
dadflocio peipen. Roedd hi'n hollol ddidostur.
Roedd ganddi un cynorthwyydd – boi mawr llydan
oedd yn gwisgo un o'r cryse gwyn 'ne ma' dynion
nyrsys yn 'u gwisgo ac a oedd tua pum gwaith yn
rhy fach iddo fo. Roedd o'n edrych yn union fel
un o'r badis yn ffilms James Bond a do'n i'm yn
gweld be oedd y pwynt iddo fo fod yno. O'n i'n
meddwl falle fod o yne jyst am laff ond pan
'nes i ddechre gwingo mewn poen 'nes i
sylweddoli mai ei bwrpas oedd fy nal i lawr yn
llonydd tra oedd ei feistres arbenigwraig
goclyd yn mynd drwy'i phethe. Do'n i'm yn
meddwl fod angen iddo fo wenu wrth ddal fi lawr

chwaith. Cont.

Pan gyhoeddodd Mrs Cocs bod gena i ddim siffylis, roedd golwg siomedig ar wyneb y boi, fel tase ei feistres wedi deud wrtho: *'Let him go, Frederick - Mr Bond could be of some use to us.'* Ffwcar.

Dr Buntwaal, cabejis a brocoli

Ro'n i wedi bod yn cael poene main siarp ar ochre fy stumog ers tua wythnos ac yn sicr fod gen i un ai diwmor neu/a canser y stumog. Meddyliais falle mai achos yr holl dost a chig o'n i wedi'u gorlosgi i osgoi cael salmonela dros y blynyddoedd oedd o. (Does dim posib ennill.)

Eniwe es i at Dr Buntwaal yn Hwlffordd. Boi Indiaidd byr tew efo llygid mawr trist a llais meddal addfwyn oedd o, yn tynnu at ei hanner cant. Dechreuais ar fy mwydro meddygol arferol:

'Doctor, I've been having these sharp pains in my stomach, I don't know what they might be, but I'm worried that it could be a tumour.'

'Is the pain in the middle of your stomach?' gofynnodd wrth iddo ffidlo o gwmpas efo fy mol.

'No, not usually... sometimes though maybe,' ychwanegais jyst er mwyn cyfro pob posibilrwydd.

'It's not likely to be a tumour; they usually occur in the middle stomach. What I think you're suffering from is flatulence. You need to eat more unrefined fibre, you should eat some cabbages, broccoli etc. and then see what happens.'

Ro'n i'n falch iawn o glywed ei ateb positif, rŵan ro'n i'n gallu poeni am bethe erill bywyd: sŵn rhyfedd yn y car; sut ffyc mae llenwi ffurflenni treth? Be 'di'r gair Saesneg am hiraeth? Be sy'n mynd i ddigwydd i'r holl blastig yn y byd (dydi o byth mynd i bydru) a pam ffyc fod hen bobl yn codi mor gynnar er mwyn neud bygyr ôl drwy'r dydd tra gallen nhw gysgu tan ddau y pnawn ac yne gwylio'r teli, cymryd drygs ac yfed llwythi o alcohol a cael eu harestio yn y nos. Hefyd 'nes i ddechre meddwl pam fod yr holl actorion Cymraeg o'r Gogledd ond yn gallu actio dau gymeriad gwahanol – un ai person twp ac ychydig yn araf ond hoffus neu person blin wyneb galed anhapus syrffedus sy'n *hard done by* ac yn siarad mewn ryw lais stycato sillafol.

Eniwe, o'n i rili isio gadael y syrjyri achos dwi'm yn licio'r llefydd, ma' nhw'n llawn o *kids* bach yn pesychu ac yn syllu arnat ti a hen gylchgronau cachlyd sydd wedi cael eu byseddu gan gannoedd o gleifion heintus a nerfus. Roedd

Dr Buntwaal yn dal i siarad yn ei lais trist-meddal Indiaidd...

'*Yes, I was in University for six years, we used to go out and drink the top shelf dry every night. It was a good time, Sheffield's a good place, plenty of pubs, we drank and drank until we were on the floor. The top shelf are my favourites, you know, whisky, rum, cocktails...*'

'*Doctor, I've got to go now,*' dywedais a'i adael yno yn ei swyddfa yn edrych yn *bored* a thrist.

Es i'n syth i'r siop lysie agosaf a phrynu llwythi o gabejis a brocoli a'u cwcio nhw i gyd. Dyne i gyd nes i fyta am dri diwrnod *non-stop*. Dwi erioed wedi rhechu gymaint yn fy mywyd.

5. Abertawe

Temazepan, sbyty ac ysu am fywyd normal

Yn anffodus, ar ryw bwynt, nes i ddechre datblygu lympiau o dan fy nipls. Roedd hyn weithie yn achosi i fy nhethi edrych yn las a chydig yn chwyddedig, sydd yn ôl pob tebyg yn gyffredin mewn dynion ifanc. 'Naethon nhw ddatblygu ar ôl i 'mrawd a fi gael ffeit bocsio chwe rownd yn y stafell fyw un gaeaf. Am ryw reswm roedd o'n mynnu pynsho fi yn fy nhethi.

Eniwe, ar ôl amser ddaru'r lympiau 'ma ddechre bygio fi o ddifri achos ro'n i'n poeni y gallen nhw achosi *infection* ac y galle'r holl beth wasgaru trwy 'nghorff i nes 'mod i'n un lwmp mawr. Es i at gwpwl o ddoctoriaid ond 'nathon nhw jyst ddeud doedd dim angen i fi boeni amdanyn nhw ac eu bod nhw'n hollol normal. Falle eu bod nhw'n normal ond roedd y lympiau yn mynd ar fy nhits i, yn llythrennol.

Yn y diwedd es i at ddoctor a gorchymyn: '*I want to get these lumps removed, I will pay for it myself.*' Felly cytunodd y doctor smyg-boi-twat i fi fynd yn breifat. Rhoddais wyth deg punt iddo fo a bwciodd fi mewn i ysbyty

Treforys yr wythnos wedyn. Jyst fel 'ne. O'n
i'n cachu brics wrth gerdded mewn i'r ward
ymhen wythnos ac eistedd ar fy ngwely penodedig
gan drio osgoi siarad efo neb o'r cleifion
erill. Ro'n i'n teimlo'n shiffti ac fel rhyw
fath o garcharor rhyfel wrth i fi drio setlo
mewn i'r ward. Dwi'n casáu ysbytai ac y diwrnod
cynta yn y ward ro'n i'n teimlo'n rhyfedd achos
roedd yr holl syniad yn rhy ryfedd i fi allu ei
amgyffred yn gall.

Ar yr ail ddiwrnod, daeth un o'r arbenigwyr
a'i gynorthwywraig ata i a gwneud cylch crwn
rownd bob teth gyda *marker* pen du, a sôn sut yn
union yr oedden nhw'n mynd i dynnu'r lympiau i
ffwrdd. Ro'n i'n teimlo fel taswn i'n paratoi
at gael *sex change operation* yn enwedig pan
nathon nhw'n arwain i'r stiwdio ble oeddyn
nhw'n tynnu lluniau o bawb cyn bob *operation*.
Ro'n i'n dechre teimlo fel taswn i ar *page-
three shoot* wrth i'r ffotograffydd mewn côt wen
weiddi ei orchmynion wrth i fi sefyll yno heb
dop: '*Now just face me and turn to your right.
Right, now turn round and face left.*' Ro'n i'n
disgwyl iddo fo ddeud unrhyw eiliad, '*Now, just
give me one of your sexy smiles, darling.*'
Roedd yr holl beth fel ryw drip rhyfedd LSD ond
dwi'n cofio meddwl wrth fy hun 'mmmm... ma' hyn
werth o achos oedden nhw'n 'y mwydo i efo

Valiums a Temazepan cry er mwyn cadw fi'n cŵl cyn y llawdriniaeth,' oedd yn braf iawn.

Ar ôl y driniaeth, roedd yne bob mathe o diwbs rhyfedd yn mynd mewn ac allan o dan y ddwy deth er mwyn gneud yn siŵr fod unrhyw waed oedd yn hel yn cael ei dynnu allan rhag ofn *clots*. Ar bob ochr i fi, roedd bag bach plastig wedi ei gysylltu i'r tiwbs, a bob tro o'n i angen codi i fynd i'r toiled neu be bynnag, o'n i'n gorfod codi'r ddau fag 'ma a'u cario nhw, un yn bob llaw. Gyda'r tiwbs yma'n danglo o 'nghwmpas i ro'n i'n edrych fel ryw *prototype humanoid*. Dwi'n cofio meddwl wrth yn hun wrth gerdded i'r toiled am ddau o'r gloch y bore: 'ffycin hel, pam alla i'm gneud pethe normal fel pawb arall, jyst bod yn fecanic a chwarae i'r tîm ffwti lleol fel pawb arall neu rwbeth'.

'Nes i adael yn hun allan o'r sbyty cyn o'n i fod i adael achos oedd y lle'n neud fy mhen i fewn. Roedd *bandages* dros fy nhethi ac ro'n i'n teimlo'n wan. 'Nes i sbio ar fy hun yng ngwydr y car wrth ddreifio o 'ne. O'n i'n edrych yn dene dene a diarth a 'nes i ddeud wrth yn hun 'ffycin hel, oedd hwnne'n brofiad rhyfedd,' cyn bomio fyny'r M4 i Broadhaven, lle: 'nes i gysgu ar y grug yn sbio ar y môr a trio sysio allan be oedd realiti a be oedd 'n pwrpas ni ar y ddaear.

6. Barnet

Dim ocsigen, pump y bore

Ma' 'ne adegau yn oriau mân y bore sy'n dychryn ti. Pan ti'n deffro am bedwar neu bump y bore a ti'm yn gallu cael dy anal, un ai achos bo ti wedi yfed a smocio gormod neu o bosib achos *hypertension* neu ryw fath o *infection* neu ychydig o fronceitis ar yr ysgyfaint. Mewn dinas, mae'r cyfnod rhwng tri ac wyth y bore yn gallu bod yn artaith achos ti'n gwbod fod y clybiau 'di cau a 'di Spar ddim yn agor tan wyth y bore. Mae'r llefydd yma'n *lifeline* achos ma' nhw'n gwerthu alcohol a pan ti'm yn gallu anadlu'n gall, ti angen alcohol achos mae o un ai'n gallu dy ymlacio a dy alluogi i anadlu'n gall neu jyst yn dy nocio allan fel bo ti ddim mewn unrhyw stad i roi shit eniwe. Hefyd ti'n gwbod fod ysbytai ddim yn rhy bell i ffwrdd mewn dinas, ond hynne 'di'r *last resort*, neu *stage* 'C'.

Yng nghefn gwlad, ti'n rili ffycd am alcohol os nad oes 'ne beth yn y tŷ. Mae'r pybs yn cau am un ar ddeg a'r siope lleol jyst yn agor pan ma' nhw'n teimlo fel gneud, Does dim ysbytai am

54

o leiaf hanner can milltir ac os nad oes 'ne
gar o gwmpas ti rili yn gorfod panicio mwy a
mwy a jyst derbyn fod ti o bosib yn mynd i farw
o ddiffyg ocsigen.

Yn y fflat yn Barnet oedden i 'di bod yn yfed
ac yn smocio rolis drwy'r nos achos doedd gen
i'm byd arall i'w neud. Es i 'ngwely am tua un
y bore yn meddwl bo fi'n ddigon pisd i gysgu fy
niwrosis i ffwrdd. Yn amlwg, roeddwn wedi
camddeall y sefyllfa achos 'nes i ddeffro o
'mreuddwyd anghyffyrddus yn gaspio am awyr fel
pysgodyn ar y lan. Codais o 'ngwely yn
amgyffred fod hyn yn ddifrifol. Panic. Shit.
Dwi'm yn gallu anadlu, 'sne'm alcohol yn y
fflat. Ffyc. Ydw i 'di sgwennu ewyllys? Do.
Ffiw. Reit. Be dwi'n mynd i neud?

Wnes i bopeth dan haul i drio cael fy anal yn
ôl. Dechreuais fastwrbeiddio er mwyn cynyddu
curiad y galon sy'n golygu mwy o ocsigen yn
mynd drwy'r gwaed. Es ar fy mhedwar yn fy mhans
tyllog a dechre gneud *press ups* a bob mathe o
ymarferion corfforol eithafol erill. Anadlais
mewn ac allan fel bocsiwr cyn ffeit i drio agor
fy ysgyfaint.

Doedd dim yn tycio. Ro'n i'n dal yn brwydro
am fy anal, roedd pob anadliad bach fel rhyw
rodd werthfawr ac roedd pob eiliad ar fy oriawr
fel canrif mewn cell - peder awr tan oedd Spar

yn agor. Alcohol. Alcohol. Dwi angen ffycin
alcohol. Yn sydyn iawn ac er fy anghrediniaeth
llwyr, be ddaeth mewn trwy ffenest fy llofft
ond haid o wenyn, yn cynyddu mewn niferoedd o
ddeg bob deg eiliad. O'n i'n sefyll fane yn fy
mhans yn ymladd am ocsigen ac o'n i jyst ddim
yn gallu coelio'r peth. Pam ffyc oedd yr haid
yma o wenyn wedi penderfynu fflio mewn drwy
ffenest fy llofft i yn Barnet am bump o gloch y
bore pan o'n i mewn digon o banic yn barod yn
ymladd i anadlu. Yn araf bach, un wrth un
dechreuodd y gwenyn ymosod arna i, fy mhigo yn
greulon ac yn ddidostur. O'n i yne yn fy mhans
am tua chwarter awr yn stryglo i anadlu wrth
redeg rownd y llofft fel gwallgofddyn ac ar yr
un pryd yn trio 'ngorau i swotio'r gwenyn efo
copi o'r *London Evening Post* wedi ei rolio
fyny. Yn y diwedd roedd rhaid i fi roi'r gorau
iddi wrth i fwy a mwy o'r gwenyn lifo mewn, tua
cant i gyd, hyd yn oed ar ôl i fi gau'r
ffenest. Gwisgais fy kakis gwyrdd a 'nghrys a
rhuthro allan i'r stryd yn rhegi'n uchel.

   Nes i gerdded am oriau trwy Ogledd Llunden,
fyny i Hadley Wood a lawr i Enfield, er mwyn
trio agor fy ysgyfaint. Ar ôl tua tair awr o
gerdded dechreuodd yr haul godi ac o'n i 'di
blino gymint es i gysgu yng ngwrych gardd tŷ
rywun. Pan ddaeth hi'n wyth o gloch bore es yn

syth i Spar i gael alcohol i neud yn siŵr fod
yr un peth ddim yn digwydd eto y noson honno.

Fatefeul sausage

O'n i mewn caffi yn Ross-on-Wye ac o'n i'n
llwgu. O'n i'n barod i fyta unrhyw beth ar blât
felly dudais wrth y ferch tu ôl i'r cownter
'*Just give me loads of sausages and some
bread.*' Cyrhaeddodd y sosejis a 'nes i'u
llowcio nhw lawr. Yna wrth ddechre ar hanner
ola'r sosej ola, mi sylwais er fy arswyd fod y
tu mewn yn hollol binc. O shit, meddyliais,
dwi'n mynd i gael fy nifa gen sosej yn blydi
Ross-on-Wye.

Cofiais ffrind yn deud os oes gen ti *food
poisoning* byset yn dy ddyble mewn poen o fewn
hanner awr. Edrychais ar fy wats a dechre
teimio'n hun. Codais a gadael y caffi ar y
stryd fawr gan fwriadu o leiaf ei gneud hi dros
y goror i Gymru cyn marw mewn poen erchyll.
Wrth ddreifio mewn pryder, penderfynais y
byse'n syniad da rhoi neges yn y car yn esbonio
i'r ambiwlans a fyse'n ffindio'r car mewn
gwrych yn y Gelli Gandryll sut y daeth
perchennog y car i'w ddiwedd anffortunus felly
sgwennais neges syml a'i roi yn *visor* y car
gyda'r geiriau:

'*I got the fateful sausage from the high street cafe, Ross-on-Wye.*'

Ar ôl hanner awr gorffwyll o ddreifio, edrych ar fy oriawr bob pedwar eiliad a chwysu lot, 'nes i ddechre ymlacio, do'n i ddim 'di marw *so* 'nes i luchio'r arwydd trist allan o ffenest y car mewn ryw fath o *act* herfeiddiol. Jyst gobeithio neith yr un plentyn bach diniwed ei bigo fyny a'i achosi i ailfeddwl am ryfeddodau ac ystyr bywyd a'r pethau od sy'n digwydd ynddo.

Bob tro dwi'n byta bwyd a allai fod yn doji rŵan dwi'n teimio fy oriawr i hanner awr. Y peth 'di, ti wedyn yn mynd am ffwc o sesh a byta bob peth ffiaidd scymi afiach ti'n gallu ffindio a ti jyst ddim yn rhoi shit be sy'n digwydd.

7. Paisley/Glasgow

Dannodd anodd arall

Bron â chyrraedd y flwyddyn dwy fil. Ydwi'n mynd i neud hi? Ydi'r byd yn mynd i neud hi?

Heddiw, es i at y deintydd yn Paisley achos ro'n i angen tynnu dant achos fod yr *abscess* wedi datblygu yn fy ngheg. Roedd gan y deintydd acen gryf Albanaidd a llais uffernol o *high pitched*, hollol ferchetaidd a hollol *camp*. *'Hello there! You want to take a tooth out do you?'* meddai yn ei lais gwichlyd. Ro'n i'n meddwl fod o'n cymryd y *piss* efo'i lais annaturiol felly nes i chwerthin ac ateb, *'Yes, please,'* mewn llais plentynnaidd oedd hefyd yn *highly pitched*. Edrychodd y deintydd arna i a newidiodd ei wyneb o wên i olwg milain; fel taswn i newydd bechu yn erbyn y byd ac yna aeth ati gydag afiaith a bwriad i hel ei holl offerynnau deintyddol at ei gilydd yn daclus a rhoi ei fasg ceg gwyn ymlaen fel tase fo'n paratoi ymgyrch filwrol.

'Sit down here,' meddai, ei lais rŵan wedi caledu ond dal yn *high pitched*. Roedd ei lais yn ychwanegu elfen *bizarre* i'r sefyllfa

60

anghyffyrddus a 'nes i orwedd yn ôl ac agor 'y ngheg yn teimlo fy mod yn paratoi i gael fy *comeuppance* gan y deintydd *camp* am chwerthin ar ei lais.

Ar ôl chwistrellu fy *gyms* efo'i nodwydd anferthol dywedodd yn ei lais uchel gydag acen Albanaidd, '*You just sit there, I'll be back in fifteen minutes.*' Wrth eistedd fane 'nes i gofio o bwy oedd o'n fy atgoffa. Roedd o'n swnio union 'run fath â Robin Williams yn y ffilm *Mrs Doubtfire* ac roedd o fel tase fo'n ffêcio'i lais uchel a'i acen Albanaidd. Wrth i fi orwedd yne a chael hanner *chuckle* wrth

ERIC HIT BY RAM RAIDER

'A SPOT of washing-up ended in chaos for Eric Smith—when a sheep smashed through his kitchen window, cleared the sink, and landed in the middle of the floor.

The crazed sheep then caused damage worth hundreds · of pounds by rampaging around the house. And when Eric, 54, tried to shoo it out, it butted him.

Eric, 54, of Radnor,

Powys, said: "I couldn't believe it. It caused havoc."

The sheep's leap came when it was chased by farmer Nick Rawlingson, 38. He reckons its 16ft jump from a patio is a record.

"I've never seen a sheep leap that far before," he said. "It was amazing".

sbio ar y posteri o gwningod cartŵn ar y wal daeth y deintydd yn ôl. '*Right,*' dywedodd, y tro yma efo hyd 'n oed mwy o afiaith.

Bysech yn meddwl yn yr oes dechnolegol yma sydd ohoni fod dulliau modern a soffistigedig di-boen o dynnu dant. O na, *no-way*, dim byd o'r fath i fi. O na, y dull mwyaf barbaraidd a phoenus i fi wrth gwrs.

Cyflwynodd Mrs Doubtfire bâr o bleiars dur

anferth ac aeth ati i iancio fy nant o'i wraidd
fel tase'n tynnu hoelen styfnig wedi rhydu mewn
polyn. Ianciodd yn ôl a blaen yn y ffordd fwyaf
sadistig bosib. Clywais synau erchyll yn fy
mhen wrth i'r ddant ddechre dod allan o'i
wraidd a llifodd y gwaed i mewn i 'ngheg, yn
felys a chyfarwydd. Poen mawr - poen.

   'That's it,' medde'r deintydd yn ei lais
merchetaidd uchel. Roedd Mrs Doubtfire rŵan yn
gwenu lawr arna i mewn ryw ffordd *camp* sadistig
a buddugoliaethus.
Wrth eistedd fyny
ac ystyried poen
'nes i gofio fod
rhaid i fi rywbryd
dynnu'n holl
ffilins amalgam
llawn merciwri (y
math mwya
gwenwynig i ddyn
ac un 'de ni 'di
penderfynu llenwi
ein pennau efo.
Doh!) achos 'nes i
ddarllen rywle fod
'ne gysylltiad
rhyngddyn nhw ag
Alzheimers disease

sy'n pydru'r ymennydd a'r system nerfol, yn
newid dy bersonoliaeth a dy gof ac yn
gyffredinol yn neud i ti actio fel twat. Wedyn
ti'n gorfod ail-lenwi dy geg â ffilins saff
gwyn sy'n costio bom. Jyst grêt, *man*. Ma'
'ngheg i'n llawn ohonyn nhw.

   Ro'n i'n teimlo'n dipyn o foi yn cerdded adre
trwy Paisley, fel taswn i newydd fod trwy ryw
frwydr erchyll. Roedd fy nant ym mhoced fy
bomber jacket wrth i fi gerdded adre. Darn
caled o 'nghorff a'i nerf ar y gwaelod. Mae
bywyd yn rhyfedd. Dwi hefyd newydd ddarllen yn
y papur lleol am foi 23 oed oedd wedi cael
dannodd, mynd i'w wely i drio cael gwared â'r
peth yn ei gwsg, ac mewn tri diwrnod roedd o
'di marw o *Necrotising fasciitis*, clefyd dwi
erioed 'di clywed amdano o'r blaen sy'n cael ei
achosi gan ddannodd ac sy'n byta'r cnawd o'r
gwddw ac yne'r ysgyfaint. FFYCIN HEL.

   Mae 'ne gymint o bethe ti'n gallu marw ohonyn
nhw, i gyd efo enwau hir Lladin.

8. Llundain

Dyddiadur alci hypocondriac

Ddoe, ro'n i'n cael probleme anadlu difrifol, felly yn syth ar ôl gwaith es i'r dafarn ar Euston Road ac ordro dau beint o Stella a dybl wisgi. Roedd fflem yn blocio fy ngwddw a do'n i ddim yn gallu stopio fy hun rhag fflemio mewn i fy llaw, mewn i *ashtrays* ac mewn i wydr peint gwag. Doedd yr holl *city slickers* yn y dafarn foethus ddim yn edrych yn *impressed*. Prynais baced o Brahnigans blas '*chicken & ham*' gan eu bod yn grisps tew ac yn golchi'r fflem lawr efo nhw ac felly yn dadflocio'r beipen wynt. Doedd y ffaith fy mod newydd gael gwybod mai'r ardal yma, sef Kings Cross yn Llundain lle dwi'n gweithio, ydi'r ardal waetha ym Mhrydain o ran llygredd awyr ac felly probleme anadlu, ddim yn helpu. Ma'r lle tua naw gwaith yn uwch na'r ffigyrau cenedlaethol yn ôl *Men's Health*.

64

Ar ôl cwpwl o oriau o'n i ychydig yn feddw a
phenderfynais y byse'n syniad difyr mynd i
orsaf King's Cross i sbio ar y puteiniaid yn
hystlo'r holl *city slickers* oedd wrthi'n dal eu
trenau. Roedd tua chwech ohonon ni yn pwyso ar
y railings yn sbio ar y puteiniaid, y chwech
ohonom yn cogio bod ni'n sbio ar rywbeth arall
ond yn ffindio sbio ar y merched amrwd yma lot
rhy ddiddorol i feddwl am ddim arall. Mae'n
rhaid bo fi wedi sylwi bo fi'n edrych ychydig
yn sbwci, yn hongian yn feddw ar *y railings*
gyda gwên feddw gysglyd yn fflemio *snot* fel tae
ddim yfory achos 'nes i adael ar ryw bwynt a
dal y trên am Ogledd Llundain.

Os oedd ddoe yn ddrwg, roedd heddiw'n waeth. Deffrais am tua un ar ddeg y bore yn *convinced* fod dim ocsigen yn fy ysgyfaint. Es yn syth at ffenest flaen y tŷ i neud yn siŵr fod yr ambiwlans ar y cwrt tu allan i'r orsaf. (Dwi'n byw dros y ffordd i orsaf ambiwlans sy'n lwcus iawn i rywun yn fy stad bregus i.) Doedd dim ambiwlans yno. Panic. Be taswn i'n stopio anadlu? Fyse neb o gwmpas i fynd â fi i'r sbyty. Roedd y car tu allan ond be os byswn i'n colapsio yn y car wrth 'i heglu hi i'r sbyty, galle wneud fy anafiadau yn waeth na fy symptomau diffyg anadlu: torri 'nghefn, *clot* gwaed ar yr ymennydd, canser yr ysgyfaint, canser y gwddw, canser y geg, gwaedu mewnol, *ulcer* yn y stumog, canser y colon, canser y ceilliau, *frontal* lobotomi, colostemi bag. Roedd y posibiliadau yn ddiddiwedd. Ar ben fy mhrobleme di-ben-draw, doedd dim treth ar y car chwaith. Petai copar yn fy stopio byswn yn:

a) Peidio stopio a llosgi fo ffwrdd nes cyrraedd *A&E* yr ysbyty ble byswn i'n rhedeg mewn am help, eu gorfodi i roi masg ocsigen i fi a wynebu achos cwrt am yrru peryglus rywbryd yn y dyfodol pan allwn i anadlu'n gall; *neu*

b) yn stopio'r car, cael *panic attack* ac yna gorfodi'r heddwas anffortunus i fy nreifio cyn

gynted ag y galle i ysbyty Barnet cyn i fi
farw. Roedd y ddau opsiwn yma yn fy ngwneud yn
hynod o anghyffyrddus wrth feddwl amdanyn nw.

Penderfynais roi cynnig ar syniad arall, trio
ffindio doctor. Roedd y fflem yn blocio 'ngwddw
i'n ddrwg iawn rŵan ac ro'n i'n siŵr fy mod yn
mynd i basio allan o ddiffyg aer unrhyw eiliad.
Oherwydd hyn roedd gena i *back-up plan* i gario
efo fi tra o'n i'n chwilio am ddoctor, sef bag
plastig yn cynnwys *Ventalin inhaler*, potel o
wisgi (y byddwn  yn downio'n gyflym
iawn er mwyn gwneud i'r gwaed
l i f o ' n gyflymach ac yn fy
ngwneud yn feddw fel fy mod yn
stopio meddwl am y broblem
difodolaeth) a chwpwl o ddarnau o
fara *grainy* petase fy ngwddw i'n blocio'n llwyr
o fflem yne bydde'r bara'n golchi'r fflem i'n
stumog wrth ryffio lawr y beipen wynt a
galluogi'r aer fynd i'n ysgyfaint eto.

Gyrrais i syrjyri'r doctor ar Station Road.
Arwydd ar y drws *'Sorry, no more new patients
being taken on'*. Shit. Panic... Dreifio fel
ffŵl i East Barnet Road ac i syrjyri arall.
'Not open till 4pm.' Roedd hi rŵan yn 12.30!
Shit. Be ffyc sy'n bod ar y system iechyd? O'n
i'n meddwl mai ei holl bwrpas oedd helpu pobl,
dim neud iddyn nhw farw. Panic. Be ffyc o'n i'n

mynd i neud?

 PLAN B. Roedd rhaid mynd i'r ysbyty, *Accident & Emergency*. (Shit, dim ond mis yn ôl o'n i 'di rhuthro i *A&E* Walthamstow achos o'n i wedi bod yn berwi ac wedi cael tymheredd uchel ers dros wythnos. Ar ôl eistedd yn *casualty* yn edrych ar bobl yn dod mewn gyda darnau o boteli yn styc yn eu pennau, dywedodd y nyrs fy mod mewn *cold turkey* ar ôl stopio yfed ar ôl yfed am bythefnos di-stop. O'n i 'di gorfod stopio ar ôl sylwi fod gen i ddim pres ar ôl.)

 Eniwe, neidiais i'r car. Dim ocsigen. Anadlu'n ddwfn. Darn o fara, golchi ychydig o'r fflem lawr. Agor y botel wisgi. Yfed dwbwl. Tanio'r car. Dreifio fel twat i ysbyty Barnet, teiars yn sgrechian, swigio'n wyllt ar y wisgi wrth blethu mewn ac allan o'r traffig fel *idiot* trwy'r goleuadau coch a jyst methu cwpwl o hen bobl efo'u bagie siopa.

 Rhaid cyrraedd yr ysbyty. Dwi rŵan yn dreifio am fy mywyd. *This is it*.

 Cyrraedd *A&E*, rhuthro mewn hefo fy mag plastig *back-up*. '*Can I see a nurse. Now*'. Y merched yn y dderbynfa yn treulio munudau hir arteithiol yn

holi fy manylion tra oeddwn yn methu siarad gan fy mod yn anadlu mor ddwfn gan wasgu ar fy ysgyfaint efo'n nwy law. *'Nurse, I can't breathe.'*

Daeth ei hateb fel mellten. *'A doctor will see you... in four hours.'* Pedair awr. Ffyc, fydda i 'di marw erbyn hynny. Eistedd lawr i aros gan gysuro fy hun... os dwi'n colapsio fa'ma bydd y gofal gorau ar gael. Roedd hynna'n esmwytho'n anadlu dwfn am eiliad neu ddwy.

O'r diwedd, galwodd y doctor fy enw. Cael fy ngorfodi i eistedd mewn ciwbicyl am hanner awr i aros am rywun i fy ngweld. Eisteddais yne yn swigio wisgi yn llechwraidd i esmwytho'r panic. Fe fydd yn rhaid fy strapio lawr a rhoi masg ocsigen arna i unrhyw eiliad rŵan meddyliais. Shit, tase un o'r doctoriaid yn edrych mewn i 'mag bach plastig yn cynnwys wisgi, ventolin a sleisus o fara, byswn yn fwy tebygol o gael fy rhoi mewn ysbyty seiciatryddol nag o dan ocsigen, falle'r ddau. Hyn yn achosi i fi banicio mwy a bron methu anadlu o gwbwl, yn gylpio gylps helaeth o wisgi lawr wrth drio peidio meddwl am y ffaith fy mod mewn *Casualty* ysbyty yn Barnet.

Ar ôl sbio arna i, a teimlo'n stumog i, y doctor yn deud wrtha i fy mod yn berffaith iawn. O'n i'n gwadu fy mod yn iawn ond roedd y

doctor yn gweld hi fel arall. 'Trust me. There is absolutely nothing wrong with you, you have as much oxygen as any of us. Go out, see some friends, have a good time, enjoy yourself.'

Ac efo'r geiriau yne, cerddais allan o'r sbyty yn anadlu fel y boi.

Ges i'r teimlad ychydig eto y diwrnod o'r blaen pan dorrodd y car lawr ar yr M4 tu allan i Slough. Parciais y car ar y llain galed a cherdded i mewn i gae tatws wrth y ffordd. Cael panic bach, fflem yn y gwddw. Dim byd i olchi'r fflem lawr, dim wisgi, dim bara lympiog, dim tafarn, dim pres, dim crisps Brannigans, dim ond cae tatws mawr. Meddyliais yn siomedig – 'shit, dwi'n mynd i farw fama, mewn cae tatws tu allan i Slough'. 'Nes i aros tua dwy awr am y boi AA, jyst yn sefyll ar ochr y ffordd yn breuddwydio am gael y ceir anhygoel oedd yn sefyll allan yn y llif traffig ac oedd yn pwmpio mwy o *sulphur dioxide*, *carbon dioxide* a *carbon monoxide* i'n ysgyfaint. Roedd y boi AA yn cymryd hydoedd i drwsio 'nghar i. Oedd o'n foi diymhongar ac ychydig bach o *nerd* i'r person sylwgar. Roedd yn siarad yn ddiddiwedd am *regulators*, *coils* a *plug leads* wrth chwilota yn yr injan.

Roedd fy mhanic yn cynyddu wrth iddo fo fethu

trwsio'r car a methu ffindio be oedd y broblem. O'n i'n despret am gwrw i leihau'r panic a gneud i fi anadlu'n well. Ddois i'n agos iawn iawn at grabio'r boi AA a dweud, '*Take me to the nearest pub now, I can't breathe, if you don't take me I'll fuckin die. You'll have to buy me drinks but I'll pay you back. Please, just take me to a pub, now.*' Er mai'r boi oedd fy unig ddihangfa, llwyddais i reoli'n hun yn lwcus iawn. Bydde'r realiti o herwgipio'r boi AA i fynd â fi i dafarn wedi bod yn anffodus iawn, cael fy nilyn gan geir heddlu trwy Slough mewn fan AA wrth ddal mecanic *nerdish* yn wystlon i fy ngorchmynion swreal i fynd â fi i dafarn a phrynu cwpwl o beints i fi. Yn lwcus iawn, llwyddais i reoli fy anadlu ac yn lwcus i'r *nerd* AA, trwsiodd fy nghar ac es ar fy ffordd – yn syth i'r dafarn agosaf.

9. Barnet

Dyddiadur hypocondriac alcoholig catatonig

Es i at y doctor y diwrnod o'r blaen oherwydd dwi wedi sylwi fod fy mhen-gliniau wedi bod yn gwneud sŵn clician annifyr pan dwi'n cerdded fyny staer neu ffordd serth ac mae fy holl gyhyrau wedi bod yn brifo ac yn stiff ers tua pythefnos. Shit, dwi'n mynd i fod yn ffycd efo arthritis cyn fydda i'n ddau ddeg pump oed.

Eisteddais wrth ddesg Doctor Miles yn Barnet: '*Doctor, I've got a sinus problem, I can't stop spitting and coughing flem up and also my knees have been making a strange clicking noise and my knees have been very tired lately. Sometimes I can't breathe cos the flem blocks my throat. Is it dangerous?*'

Atebodd y doctor yn ei acen Awstralaidd *laid back*: '*No, I can give you some steroids or you could take some homeopathic sinus clearers from the chemist by the railway bridge.*'

'*But, Doctor,*' atebais, '*what about this clicking noise in my knees, is it arthritis? What's wrong with my muscles?*'

'*There is nothing wrong with you, you need to*

get some excersise, eat well, take regular
meals, stop smoking and stop drinking so much.'
   '*Thanks for your time, Doctor,'* dywedais, cyn
gadael 'nôl am y fflat ac yne i'r pyb.

Tua tair wythnos yn ddiweddarach ac roedd fy
nghyhyrau yn waeth, fy mhen-gliniau, fy
mhenelin, fy ysgwyddau, fy nhraed a fy nwylo.
Rhaid oedd mynd yn ôl at Doctor Miles felly,
ond y tro yma doedd Doctor Miles ddim mor
dosturiol ei agwedd.
   '*Doctor, my muscles have gone worse since I*
last saw you.' Ar ôl hir drafod fy symptomau a
be ellid ei wneud i'w lleihau, dechreuodd y
doctor ar ei fonolog creulon i unrhyw berson,
dychrynllyd i hypocondriac.
   '*There's something seriously wrong isn't*
there, there's something going on in that head
that I can't explain, something strange,
you're going to jump in front of a train
aren't you.'
   '*No, Doctor, it's just that my muscles are*
stiff.'
   '*Have you been taking pills, E's, cannabis?'*
   '*No, I stopped taking them two years ago.'*
Dechreuodd y doctor dwistio'r gyllell
ymhellach.
   '*You are not suffering from ME, cystic*

fibrosis, motor neurone disease nor arthritis.
I would say you're suffering from mild
depression, there's something serious going on
in your brain.'

Wrth i'r doctor ddweud hyn, sylwais fod
ffotograff o'r doctor ar y wal, yn hollol
noeth, yn sefyll mewn gardd yn y nos wedi ei
amgylchynu â llyffantod. O'n i wedi cael digon
o Doctor Miles a'i ffotograff swreal. Roedd ei
sylwadau gwyllt wedi fy nychryn. Cerddais allan
o'r syrjyri, neidio mewn i'r car a gyrru i
Gaerdydd am ffwc o sesh.

ter outside the conference yesterday

Picture: BARR

take truly numbered as, in the confer-
said. ence hall, Mr Blair was effective-
in ly sticking up two fingers to the
ark, tweed set outside. "Tally ho," he
ness joked at the start of his address.
oun- Outside, when the ranting was
3lair at its height, a young anti, perched
with on a bus shelter, pointed menac-
es". ingly at a group of pensioners,
Mr believing they were part of the
the march, and bellowed repeatedly:
r of "Your days are numbered!"
not The blue rinse mob turned out
ell" to be a hapless group, vainly try-
lays ing to find fish and chips and a
and quiet day at the seaside.

10. Paisley/Glasgow (eto)

Trio mynd 'nôl i'r coleg

Am ryw reswm rhyfedd dwi'n ffindio'n hun 'nôl yn y coleg a dwi 'di neud dau beth 'nes i addo i'n hun y byswn byth yn 'i neud eto, sef: a) mynd 'nôl i'r coleg a b) aros mewn neuadd breswyl. Dau gamgymeriad syfrdanol. Ma' genna i HND ond dwi ddim 'di gallu cael job efo fo; ma'n rhaid i fi drio cael mwy o gymwysterau.

Ma'n rhaid i fi symud allan o'r fflat afiach yma yn yr *halls* cyn i fi ddechre'i cholli hi o ddifri, ma'n rhaid i fi fynd cyn gynted â phosib. Dwi'n byw efo Marcos o Sbaen, dau foi o wlad Pwyl a dau Roegwr, Christos a Yani. Mae tua 20 o Roegwyr eraill yn y fflat drwy'r amser ac ma'r holl le jyst yn neud pen fi mewn. Mae Yani yn foi sbwci eitha *chubby* efo gwyneb llydan a sbectol sy'n gneud ei lygid i edrych yn llai nag yden nhw ac ma' Christos yn edrych fel llofruddiwr terfysgol ond mae ei gymeriad yn hollol wahanol, mae o'n dawel iawn ac yn uffernol o gwrtais. Maen nhw i gyd yn iau na fi.

Alert on doom day nuke bug

DEFENCE experts fear a nuclear holocaust could be triggered by the computer Millennium Bug.

U.S. officials are so worried their missiles will be fired at midnight on December 31 1999 that they want Russian counterparts standing beside them on Millennium night.

The amazing deal is the only way US military top brass think a Third World War can be prevented.

Experts from the British American Security Council, (BASIC) an academic pressure group, fear Britain's Trident warheads could also be triggered.

BASIC's London spokesman Thomas Neve warned: "We expect the situation in the UK to be similar to that in the US."

The group's "Bug In The Bomb Report" claims that both Russian and American nuclear bomb computers operate a "launch on warning" system.

They trigger retaliation bombings if another country launches a missile — **BEFORE** the attack bombs hit their target.

It is feared that when the bomb computer clock ticks into the year 2000 a string of zeros on the

MILL-ENDIUM: Missile threat

■ *by DAVID PAUL*

dateline will set off all the nuclear attack alarms.

Fools

"If the date is used somewhere to track an incoming missile and then the date shifts to 00-00-00 for a brief moment that fools the system into

thinking there is a high probability of a nuclear attack," a former Soviet satellite technician is quoted in the report.

Even deputy US Defence Secretary John Hamre has admitted that he wakes in a cold sweat fearing the worst.

He said: "It's very hard to know with any precision that we've fixed it."

78

Eniwe, bob tro dwi'n cerdded i mewn i'r gegin sydd hefyd yn *communal room*, mae'r gang enfawr o Roegwyr yn mynd yn hollol dawel a jyst syllu arna i efo'u llygid mawr tywyll fel taswn i'n rhyw fath o lysnafedd sydd newydd godi allan o gors, wrth i fi botro rownd yn y gegin neu neud paned. Mae hyn yn achosi i fi fynd yn nerfus iawn ac felly alla i'm stopio'n hun rhag bihafio yn rhyfedd heb drio: rhoi cwpan allan, sbio yn fy nghwpwrdd bwyd a wislo, dod â'r bara allan a'i roi o ar y cwcyr, cymryd bag te o'r bocs a'i roid yn y cwpwrdd, rhoi'r hob ymlaen ar y cwcyr, rhoi plât glân yn y ffrij, agor drws y cwcyr, dechre ffrîcio, gadael popeth a cherdded allan yn sydyn wrth wislo er mwyn neud iddo edrych fel tase hyn i gyd yn hollol normal.

Wrth gwrs, pan dwi'n cerdded allan, ma' llygid y Groegwyr wedi mynd yn lot mwy ac ma' 'ne dawelwch llethol o tua 20 eiliad tan maen nhw'n ailgychwyn yn betrus ar eu sgwrs. Dwi wedyn yn cloi'n hun yn fy llofft ac yn sgwennu caneuon *depressing* ar fy gitâr dau *string* cachlyd.

Hefyd pan dwi'n siarad efo Yani a Christos, mae'u coesau nhw'n dechre ysgwyd i fyny ac i lawr nes eu bod yn ysgwyd ar sbîd anhygoel. Dwi bron yn sicr bod nhw i gyd efo ryw gynllun

dieflig i'n 'nhreisio i, fy chwarteru a 'myta
mewn un wledd anferth Roegaidd. Felly dwi'n byw
fel ryw fath o garcharor mewn carchar yn llawn
Groegwyr swnllyd yn fflat L1-5.

Ma' mynd i mewn i'r coleg yn crap hefyd. Dwi
heb gael fy jab *meningitis* felly dwi'n rili
poeni bo fi'n mynd i'w ddal o gan y miloedd o
stiwdants sydd yn Paisley a Glasgow. Mae'r
rhestr aros i gael *jab* yn y syrjyri yn Paisley
yn tua dau fis. Be ffyc 'di pwynt hynne? Allet
ti farw cyn
hynne. Y ddau
fis cynta yn
y coleg ydi'r
adeg fwyaf
risgi! Eniwe,
i osgoi dal y
clwy dwi'n
cerdded rownd
coridors y
coleg efo
sgarff *neck-
warmer* dros
hanner isa fy
ngwyneb,
dwi'n troi i
ffwrdd bob
tro mae

rhywun yn siarad efo fi fel bo fi ddim yn dal eu jyrms, a dwi'n agor drysau efo llawes fy nghôt er mwyn osgoi dal bacteria. Dwi ddim yn meddwl bo fi'n mynd i fod yn boblogaidd iawn yn y coleg yma. Ma'n rhaid bo fi'n edrych fel ryw *hygiene nutcase* terfysgol achos ma' pawb yn camu allan o'r ffordd, mewn ffordd bendant iawn, pan dwi'n cerdded lawr y coridors yn trio ffindio llefydd efo enwau fel E116 neu F9949GX ac yn bympio i mewn i waliau a silffoedd achos

bod y *neck-warmer* weithie yn codi fyny dros fy llygid.

Mae dwy broblem arall dwi'n 'u rhagweld o fynd 'nôl i'r coleg; wel tair:

1. Mae stiwdants yn mynd ar fy nerfau.

2. Dwi ddim yn licio colegau.

3. Sgenai'm lot o amynedd ar ôl a dwi'm yn licio'r syniad o fod yn fyfyriwr, ma'n gneud i fi deimlo fel bo fi mewn carchar.

3.b Ffycin stiwdants. Dwi 'di cael diwrnod gwallgo a rhyfedd a dwi'm yn siŵr os alla i gymyd lot mwy o'r shit 'ma. 'Nes i ddod i'r coleg ac i'r Alban er mwyn cael dechre newydd a thrio gwella fy addysg ond dwi'n fwy *stressed* nag erioed. Dwi 'di bod yn dreifio rownd Glasgow drwy'r dydd yn trio ffindio rywle call i fyw yn lle uffern fflat L1-5. Dwi 'di ffonio tua 300 o lefydd gwahanol ac wedi bod i weld tua 20 o lefydd gwahanol dros ddinas Glasgow, dau ddeg o fywyde ac amgylchiade gwahanol, llefydd afiach, llefydd iawn a llefydd braf. Dwi rŵan ar tua 10 'Boots calming and relaxing herbal tea bags' y dydd – dim ond tri y dydd ti fod i gymryd.

Eniwe, ddos i'n ôl i'r *halls* ar ôl dreifio rownd Glasgow a diodde *stress* anferthol, a chael fy mobio gan tua deg o'r Groegwyr yn fflat L15. Dyma nhw i gyd yn fy amgylchynu mewn

cylch mawr ar y cadeiriau yn y fflat wrth i fi
eistedd lawr yn trio meddwl be ffyc o'n i'n
neud fa'ma. Roedden nhw i gyd yn siarad dros ei
gilydd ac yn sydyn iawn, trodd Yani ata i a
dechre siarad yn feddylgar. Dim ond brawddegau
syml ac ymarferol o'n i 'di deud wrtho fo yn y
pythefnos o'n i 'di bod yn L1-5. 'Hello,' a
'Where's the toilet?' etc. Ro'n i hefyd yn amau
Yani achos roedd gynno fo galon blastig wedi'i
hoelio ar wal ei lofft. Eniwe, dechreuodd
siarad am baganiaeth, y Celtiaid a'r Duwiau
Groegaidd felly 'nes i ddechre meddwl falle fod
y boi yn iawn yn diwedd.

Ond wedyn, dechreuodd sôn am fyrddau gwydr
crwn a cherfio llythrennau o'r Pentecost i mewn
i'r gwydr a'i adael o dan leuad llawn am noson
ac yne dod 'nôl ato mewn mis i gysylltu efo
duwiau'r ddaear pan ma' gole'n sheinio trwyddo.
O'n i'n ryw hanner chwerthin achos oedd yne
jans go dda ei fod jyst yn malu cachu ond wrth
sbio ar wyneb Yani, sylweddolais ei fod yn
hollol ddifrifol. Roedd ei wyneb wedi mynd yn
hollol feddylgar a phell ac roedd yn rowlio ei
fysedd yn ei law mewn ffordd rythmig. Yna, ar
ôl sbio arna i mewn ffordd sbwci, cariodd
ymlaen i sôn am ryw foi oedd o'n cysylltu'n
gyson efo fo ar y we ynglŷn â phaganiaeth a
masonry a disgrifio yn ei lais tawel pendant

sut yr oedd mewn cysylltiad dyddiol â'r *spirits* a'i fod yn hyfforddi ei hun i symud pethe o gwmpas efo'i feddwl. Yna cododd, mynd i'w lofft a dod 'nôl efo'i *laptop* ac aeth ati yn frwdfrydig i ddechre dangos yr holl luniau ffiaidd, treisgar a goruwchnaturiol yr oedd wedi eu downlodio.

Tra oedd Yani yn trio dangos yr holl ffotograffs o bobl yn cael eu pennau wedi'u torri ffwrdd, darnau o gyrff gwaedlyd a merched yn cael eu shagio gan Alsatians, dechreuodd Jeorj, Groegwr arall, bwyntio a chodi ei lais ata i yn bytheirio pethe fel *'Why did England bomb Kosova, it's not right, you tell me why. You do nothing about it.'*

Triais roi ateb tila am ddiffyg ffeithiau clir, y ffaith fod gweithredoedd Lloegr ddim byd i neud efo fi fel Cymro, effaith propaganda pwerus y Gorllewin a ryw theori gachlyd am holl ddillad gwahanol Princess Diana, rywbeth i gael Jeorj i stopio pwyntio'i fys ata i a'i gael o off 'y nghefn, Ond nath o jyst cario mlaen i weiddi. O'n i bron yn barod i ddechre actio fel cabej a driblo dros fy *t-shirt* ac o'n i jyst yn aros am yr amser iawn i basio allan – rywbeth i gael ychydig o lonydd.

'Why? You do nothing, you tell me.' Ar yr un pryd roedd Yani wrth fy ochr yn dal i ddangos

ei luniau ffiaidd ar ei *laptop* ac yn ychwanegu
at y sgwrs efo'i *theories* am bobl yn byw yng
nghanol y ddaear, y twneli sy'n bodoli yn
Athens a thanlinellu'r ffaith fod yr Iddewon
a'r Mongols yn is-hil afiach sydd ddim yn
haeddu bodoli.

A fa'ne o'n i'n eistedd yn trio edrych yn
casual efo 'nghan o Carlsberg a'n Silk Cuts ac
yn eistedd o 'nghwmpas i roedd deg Groegwr (yn
cynnwys Spiros, 17, sy'n edrych yn union yr un
fath â Dustin Hoffman yn y ffilm *Midnight
Cowboy*, hyd yn oed yn actio'r un fath ac am ryw
reswm yn gwybod ystyr y gair Cymraeg 'budur')
mewn hanner cylch yn syllu arna i ac yn disgwyl
yn eiddgar am fy ymateb i bopeth oedden nhw'n
ddeud ac yn 'i ddangos i fi. Ro'n i, wrth gwrs,
yn poeni. Dyma'r peth ola o'n i 'i angen yn fy
nghyflwr *stressed* ac yn arbennig ar ôl diwrnod
rhyfedd mewn tai llwythi o bobl ddiarth yn
Glasgow. Doedd y ffaith bo fi wedi cerdded
allan o ddarlith y diwrnod cynt ddim yn helpu
chwaith; roedd yr holl stiwdants ffycin *shallow*
jyst yn fy ngwneud yn wallgo ac o'n i'm yn
gallu handlo'r ffaith 'mod i'n ôl mewn coleg.
Dwi isio neud y ffycin cwrs 'ma ond ma' popeth
yn fy erbyn:

a) Dwi'n casáu stiwdants.

b) Ma' Paisley'n *shithole.*

c) Sgenai'm pres.

d) Dwi'm yn nabod neb.

e) Dwi'n byw mewn fflat afiach efo Groegwyr sbwci iawn sy'n addoli Satan ac mewn cysylltiad â'r byd arall.

f) Dwi'n eitha siŵr bo fi'n mynd i gael *brain haemorrhage* ac yn sicr canser a/neu trawiad ar y galon o dan yr holl straen 'ma.

g) Ma'r dreth 'di gorffen ar y car; ma'r ffein yn fil o bunnoedd.

h) Dwi'n cael ffantasis am gael fy chwipio efo peipen rwber gan Zena *warrior princess*.

Diwrnod wedyn roedd pethe'n dechre dod i ben yn stafell Ll-5. Mi o'n i wedi trefnu symud i dŷ yn Glasgow gyda'r nos ond roedd rhaid i fi rŵan wynebu'r dasg o ddweud wrth y Groegwyr bo fi'n gadael. Tasg *stressful* ar unrhyw adeg, ond roedd hi 'di dod i'r pen.

Tua dau o'r gloch, daeth Christos nôl o'r coleg ac wrth iddo gerdded i mewn i'r gegin/ *communal room*, dywedais wrtho yn blwmp ac yn blaen:

'Christos, I'm leaving.'

Aeth ei lygaid yn ddwfn i mewn i'w ben ac edrychodd fel tase'r byd newydd orffen, '... *But... O Giff, you not leave. Why?'*

Be o'n i isio 'i ddeud oedd '*cos you're all*

doing my head in. Yani is a weird fucking freak whose bringing in dead spirits to the flat, I'm going insane. I can't stand this fucking shithole place and all these wanky shallow students talking shit day in day out and I feel like I'm gonna kill someone and eat their arms.'

Optiais am yr ateb ychydig mwy diplomataidd: *'O you know, I prefer Glasgow really and I've found a brilliant house with a friend on the course* (celwydd)*. It's no big deal, I'll come*

and see you all the time
you know.' (my arse)

Roedd llygid Christos yn
enfawr rŵan wrth iddo
sefyll o 'mlaen i a
dechreuodd ei goesau
ysgwyd i fyny ac i lawr.

'O Giff, you can't
leave.'

Yna, cerddodd Yani mewn
i'r stafell yn edrych yn
hollol wyn, sâl a sbwci a
dechrau ar ei fonolog.

'We talked to the
spirits again last night,
they came in, the glass
was moving around, we
didn't sleep all night. We
think Sofia is possessed, she was saying things
in her sleep. I talked all night to many Gods,
some were good but I think they were lying. We
don't know who they are.'

Aeth Yani i'w stafell a dod 'nôl efo cwpan
wydr yfed oedd mewn bag melfed du rhyfedd a'i
ddangos.

'You're not supposed to open it during the
day but...'

Yn sydyn, daeth sŵn clicio rhyfedd o gornel y

...en out of wedlock with

Petulant
pheasant
plucked

IT'S a case of flewdunnit.
Henry, the unpleasant
pheasant rose to fame after he
terrorised a postman trying to
deliver mail at Wiseman's
Bridge, near Tenby.
Every time Gerald Lloyd rolled
up in his red van, Henry
squawked, flapped his wings
and chased him.
The fed-up postie finally
refused to make any deliveries
and villagers had to make a 14-
mile round trip to collect their
mail.
But Henry has now been
found dead at the roadside and
angry villagers have launched a
hunt to find his killer.
Royal Mail spokeswoman Val
Bodden said they deny all
responsibility and they have
offered a van for Henry's funeral
cortege. But this has been
refused and instead Henry will
be laid to rest in the garden of a
community nurse.

stafell ynghyd â lot o synau rhyfedd erill.
Gwenodd Yani mewn ffordd wybyddus wrth sbio i
gyfeiriad y synau.

'*The door closed on its own many times last
night and many strange noises, we think there
is something strange here.*'

Yn digwydd bod, o'n i wedi bod yn cael
breuddwydion afiach y nosweithiau cynt ac wedi
deffro yng nghanol y nos cwpwl o weithie efo'r
teimlad cryf fod rhywun/rywbeth yn fy stafell,
ac ar ôl i Yani ddeud hyn, 'nes i ddechre
ffrîcio, yn *convinced* fod y meirw byw o
'nghwmpas i a tu mewn i fi.

Roedd rhaid mynd allan o'r fflat. Paciais yn
gyflym a dreifio o'r ffyc lle. Cyrhaeddais dŷ
Sharon yn Glasgow. Roedd hi'n swnio fel merch
iawn i fyw efo, sy'n bwysig, ond er bod ei
fflat hi'n uffernol o daclus a di-chwaeth a'i
bod yn berchen ar gasgliad CD's o'r holl bobl
alla i'm diodde – *Now 33*, *Now 34*, Michael
Bolton, Richard Marx, Shania Twain, Def Leppard
ac ati, o'n i jyst isio ryw fath o normalrwydd
a bywyd hawdd a syml ac oedd fama'n gneud y
tro. Oedd hi'n *biker* ddo, *so* 'nes i fadde iddi
am y casgliad cerddorol.

O'n i'n tŷ Sharon am dair wythnos. Yn araf
deg, nath y fflat ddechre mynd ar fy nerfau ac

roedd *habits* Sharon o gadw'r tŷ yn eithriadol o daclus yn dechre deud arna i (gorfod golchi popeth yn syth ar ôl byta, rhoi popeth yn syth nôl yn ei le ar ôl ei ddefnyddio, hwfro defodaidd am naw o'r gloch bore Sul etc. etc.) Hefyd, unwaith bob wythnos, roedd 'ne ferch ryfedd yn dod fyny o Sheffield ac yn aros yn y fflat am ddyddie. Doedden nhw'm yn gariadon ond tra oedd Sharon allan yn gweithio roedd y ferch 'ma jyst yn aros yn llofft Sharon trwy'r dydd, jyst yn gorwedd yn ei dillad ar y gwely yn syllu ar y nenfwd ac yn deud dim. Roedd coleg yn gneud fy mhen i mewn. Ma' stiwdants jyst yn gneud i fi deimlo mor gaeth. Paciais a ffwcio ffwrdd. Roedd fy ymgais i fynd 'nôl i'r coleg wedi methu.

Pan fydd petrol yn dod i ben, i ble allwn ni ddianc?

Be 'de ni'n mynd i'w neud pan fydd pob tanwydd wedi dod i ben? Be 'den ni'n mynd i'w neud pan fydd gynnon ni ddim rhyddid ar ôl, pan fydd unlle i ddianc a dim tanwydd yn galluogi ni i ddianc yno? Be 'den ni'n mynd i'w neud pan fydd gormod o bobl yn y byd i roi ystyr i'r gair 'rhydd'?

Ac ma'n ddychrynllyd achos yn y Gorllewin,

ma' pobl yn disgwyl safon uchel o fyw i'w hunen ac i'w plant a ddim yn ystyried fod hyn ddim o anghenraid yn mynd i fod yn wir. *So* be ma' pawb yn mynd i'w neud? Cael mwy o blant, cwyno am wasanaethau, cwyno fod ganddyn nhw ddim digon o fudd-dal gan y gwasanaethau cymdeithasol i gefnogi naw plentyn er mai eu bai nhw oedd cael ffycin plant yn y lle cynta. Pysgotwyr yn cwyno bod dim pysgod ar ôl yn y môr i roi bywoliaeth iddyn nhw, tra mai nhw sy wedi dragio nhw allan yn y lle cynta...

Argh... Mae pobl mor pathetic, ma' nhw gyd angen neud pethe trwy'r amser, angen cwmni, i gyd efo'u gwybodaeth ddiangen, eu dyheadau, eu breuddwydion, eu trefniadau bach pwysig, analluog i neud dim ar ben eu hunen, isio sylw, isio cysur, isio cynlluniau. Pathetic. *Spoilt*. Neud fi'n sâl. *Aaaargh*... ma'r byd yma'n llawn o bobl sâl... saicos, sadistiaid, dynion heb ddim i'w golli, mudiadau efo agendas tywyll, gwenwyn, ymenyddion llaith, breuddwydion uchelgeisiol, plant yn sgrechian 'u bod nhw'n edrych yn *ridiculous*, cwplau mewn archfarchnad yn swnian a chydlo a ffraeo yn gyhoeddus er mwyn i bobl edrych arnyn nhw fel partneriaeth dymhestlog, tlodi, artaith, pobl ffasiwn yn edrych ar ddillad ei gilydd, hyfforddwyr gwenyn yn mastwrbeiddio yn eu sied tŵls, *kids* un-deg-chwech oed yn cael eu cicio mewn gan *kids* un deg tri, llyffantod yn trio chwilio am bartner ar stad o dai, adar yn hedfan miloedd ar filoedd o filltiroedd i nythu, pobl yn cynllunio system garffosiaeth, llechi yn siarad efo'i gilydd rywffordd, sêr yn marw, pobl yn gosod carpedi.

   Dwi isio bod yn RHYDD.

Trwyn

'Nes i ddechre ffrîcio heddiw achos 'nes i
sylweddoli bo fi'n gallu gweld fy nhrwyn trwy'n
llygid a bod y realiti yma byth yn mynd i fynd
ffwrdd am weddill fy mywyd.

Hefyd 'nes i ffrîcio'n hun yn fwy fyth wrth
jyst teimlo fel enaid yn fflotio yn yr awyr ac
wrth i fi fyta cawl, 'nes i sbio ar fy
mreichiau a'n nwylo wrth i fi ddal y fowlen a'r

llwy a meddwl 'ffycin hel, be ddiawl 'di'r
rheina, ma' nhw'n bizarre, mae 'ne bethe'n
symud o gwmpas ar fy nghorff fel octapws, o
shit dwi'n styc yn y corff rhyfedd 'ma. Taswn i
mewn corff pry cop neu frithyll neu afr, byswn
yn teimlo yn union 'run fath.'
   Wrth gwrs, oedd y ffaith fod gen i ffyc o
hangover ar ôl sesh y noson cynt ddim yn helpu.

Am restr gyflawn o'n campweithiau cyfoes, mynnwch gopi o'n catalog rhad, neu hwyliwch i mewn i **www.ylolfa.com** ar y we fyd-eang!

TALYBONT CEREDIGION CYMRU SY24 5AP
e-bost ylolfa@ylolfa.com
gwefan ylolfa.com
ffôn (01970) 832 304
ffacs 832 782
isdn 832 813